火の昔

柳田国男

角川文庫
18074

目次

はしがき

この本はすこし、昔をほめすぎると思う人があるかもしれない。火の昔という話をするのだから、それは当然のことなのである。もし今日の火の話をするのだったら、今のほうがよいといわねばならぬことは、別にまた、もっともっとあるのである。全体に世の中は、昔よりもずっと暮らしよくなっている。ことに、火については昔の人は苦労をした。そしてさらに気の毒なことには、そのいろいろの苦労が、もう忘れてしまわれようとしている。火の話をする際には、ぜひともそれをいわなければならぬのであった。

文化という言葉は、このごろよく耳にするけれども、それはどういうものかを、説明できる人は存外に少ない。私はそんな言葉をなるたけ使わずに、これが文化だなと思ってもさしつかえのないものを、一つずつあげてみようとしている。そういう中でも、火は最もはっきりとしている。すなわち文化は、国民がともどもに作り上げたものであった。私たちはまた、問題という語を好んで使うが、時にはそれが、必ず答えらるべきものだという ことを考えず、あるいは答えることのできないものが、問題だと思っているらしい人さえある。そんなことでは、いくら本を読んでも、人生は幸福にならぬかもしれない。火の問題だけは幸いにして、私たちを考えさせる。今のままでは、長くはいられないと思うことが、これからの計画を確実にするであろう。少なくとも私だけは、そういうつもりでこの話をしている。

今まで聞いたことがないというような話を、若い人たちにして聞かせるのが、この本の目的であった。年をとった者には、もうわかりきったことばかりで、つまらぬであろうと思うようであるが、実は私などもこれを書きにかかってから、あぶなく忘れようとしていたことを、思い出したものがいくつもあった。若い読者がもし声をあげてこの本を読むならば、そばで聞いていて、にこにことしだす人がきっと多いであろう。どうかそういう人たちの思い出話を注意して聞きとり、あるいは私の本の中にあるかと思う誤りの点を、二つでも三つでも見つけ出すようにしてもらいたい。それもまた今後の学問の、進んでいくべき一つの道である。

柳田国男

やみと月夜

世の中が進んだということ、今が昔とくらべてどのくらいよくなっているかということを、考えてみるのには、火の問題がいちばんわかりやすいと思います。世の中が明るくなるということは、燈火《ともしび》から始まったといってもいいのであります。やみはすべてのものをかくし、静かに休むのには適しているが、外で働き、道を歩くという人たちには、かなり大きな妨《さまた》げであります。だから戦時中は燈火管制をしなければならぬほど、燈火は明るくなっていますけれども、もとはそのやみを明るくするために、皆がたいへんな苦労をしたのであります。

「親と月夜はいつもよい」という子守歌を、あなたがたは聞いたことがありますか。女の子は十二、三になって、はじめて親の家を出てよそで働く時に、たいてい一度は赤ん坊のおもりをすることになっていたのですが、そういう子もりの娘たちは、別にだれから教えてもらうということもなしに、自分でこしらえた子守歌をよくうたいました。その中にはなかなかいい歌が、今でも少しずつ残っているのです。

他人おそろし、やみ夜はこわい

親と月夜はいつもよい

他人の中にも恐ろしい人ばかりでなく、よい人はいくらもあることがだんだんとわかってきて、その中から友だちをこしらえていくのですが、なれないうちはなんだかみんながこわい人のように思われたのと同じに、やみ夜というものは何もかも恐ろしいように、はじめて親の家を離れて世間に出てきた子供たちは感じておりました。それゆえに燈火のまだ発達しなかった時代には、月夜ほどうれしいものはなかったのであります。それは年の若い人たちだけではありません。広い海上に出たとき、あるいは野原のまん中に立ったときなどは、日本は星空のきれいな国だから、月のない晩でも、うっすりと物の形はわかります。しかしちょっとした木のかげや、家のわきなどを通るときは、そこに何があるのか、まるでわからなくなるのです。昔の人たちは「鼻をつままれてもわからぬ」という言葉で、そういうやみの晩を形容していました。村や屋敷の中までが別世界になって、何かよそからそのやみにまぎれて、近寄ってくる者があるような不安をいだくのが、普通でありました。実際また野獣とか盗賊とか、そういうやみのかげを利用して、人に近寄る敵も多かったのであります。

月夜はきれいなばかりでなく、同時にたいへんうれしいものでありました。皆さんが想像なさるより以上に、昔の人は月を愛し、またありがたがってさえもいました。明治の初年まで行なわれていた太陰暦《たいいんれき》という古い暦《こよみ》では、月の十五日を満月とする立て方になっていました。それでちょうどその反対の月の終わりの日を、ツゴモリすなわち月の隠れる時といい、その翌日をツイタチといいました。タツというのは、はじめて現われることであります。古いいろいろの祭りの儀式《ぎしき》は、この満月の晩を待って行ないました。後には月の初めのころに、三日月、二日月を迎えておがむような信仰も起こりましたが、それよりも前には、月の二十三日、夜中すぎにお月さまの出られるのをまつる習わしがあって、今でもまだ全国のはしばしに住む人が、二十三夜さまといって、この夜の月をおがんでおります。

月が夜中にかくれたあとのやみを暁《あかつき》やみといい、それから二十日すぎて月のおそく出る前の暗さを、よいやみといっていました。よいやみはやがて月が出るという喜びをもっておまつりするのですが、暁やみは静かな厳粛なやみで、多くの人は、いちばんこのやみを恐れ、つつしんでおったようであります。そういう時刻に、家でみんなと静かに休んでいることができず、どうしても外を歩かなければならぬということは、何かよくよくの用事、それも困ったことや不幸なことが多かったのであります。

どうして懐中電燈を持って歩かないのか、というような疑いをもつ人は、おそらく小さな子供たちにも、もうありますまいが、なぜちょうちんを用いなかったろうかという不審は、大きくなったあなたがたにも起こらぬとも限りません。それを一つ最初にお話してみようと思います。

ちょうちんの形

挑燈《ちょうちん》という名称は漢語《かんご》でありますから、初めはたぶん、大陸からはいってきたものだろうと思います。しかし少なくとも現在のちょうちんは、日本独特のもので、今でも外国の人は珍しがって、それを集めたり絵にかいたりして、かえって日本の都会の子供たちよりは、よけいに注意しております。そのちょうちんがまた、以前あったものと、近ごろのものとでは、たいへんに変わっているのであります。

日本のちょうちんのこしらえ方は、竹を細く割って削《けず》って、それを輪にしたものをいくつも重ね並べて、その上へ紙をはるのです。その輪にする竹の細い棒をひごといいますが、そのひごの長さを違えて、輪の大きさをいろいろに変えていくことによって、あのまん丸いちょうちんの形ができるのであります。支那《しな》のちょうちんは、たためることまでは日本とおそろいですが、丸みを作ることができなかったようであります。満州《まんしゅう》のちょうちんには、竹ではなく木のひごを弓なりにまげて、たてに合わせて、うりの形にして紙をはったものがありますが、このほうはのびちぢみができません。つまりまん中の輪を大きくして、ふっくりと丸くすることが、日本のちょうちんの一つの特徴であります。西洋にはちょうちんに近いものは見かけませんが、日本のちょうちんの長所は、あちらの人にもよくわかったのであります。

つまりは細い竹の輪をいくつもいくつも重ねて丸みをつければ、見たところがおもしろいばかりか、火のあるところが紙から遠ざかって、焼ける危険が少ないので、夜道をする者は昔から、どうにかしてこんな形のものを作ろうと、皆苦心していたのであります。それからもう一つは、火をともしたちょうちんをそのままにして、両手でほかの仕事をしようとする場合に、つっかい棒がないとちょうちんをじかに地上には置けないので、これにもさまざまの工夫《くふう》が入用でありました。以前はただ、木の枝か何かにぶらさげて置くように、上につり手をつけるくらいのもので、下に置くことまでは考えなかったのを、日本では最初に、棒をたてに通して支柱にすることを始めました。そしてその次にはくじらのひげを利用して、弓張《ゆみはり》というものを発明したのであります。近ごろではもう見かけなくなりましたが、以前はどこの家でもふだんの日から、弓張ぢょうちんに紋《もん》をつけたものを、臨時の用意に表の間のかもいの上に、箱に入れてならべて置くのが、きわ

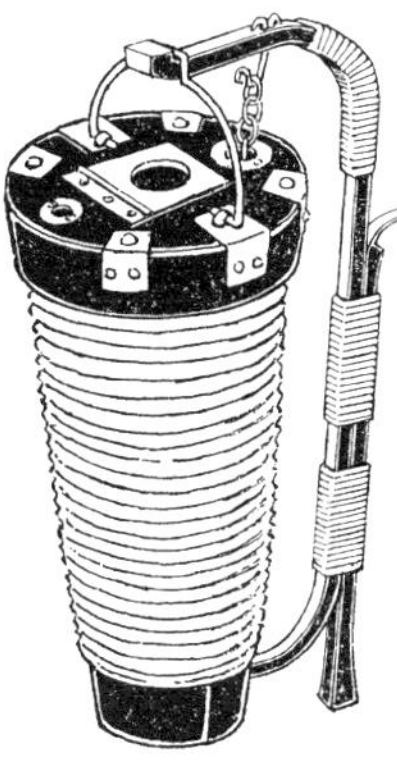

弓張ぢょうちん

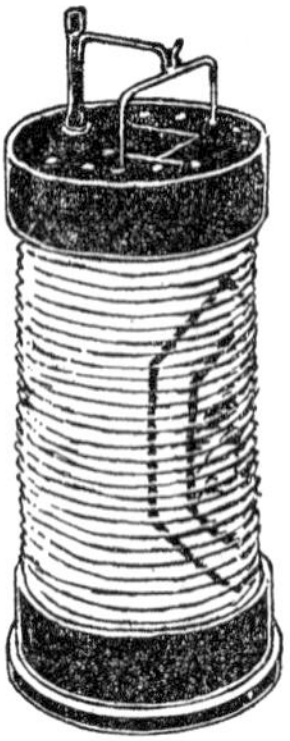

箱ぢょうちん

めて普通のことになっていました。この弓張の紋ぢょうちんの発明は、今からせいぜい百五十年、二百年とはたたない前のことと思われます。

やみを明るくするためには、ほんとうに私たちは考えました。たとえばちょうちんの口があまり小さいと、空気の流通が悪く、口を大きく開けば、よく燃えるかわりに、雨風の防ぎにはぐあいが悪いので、上の方にふたをつけて、遠道をする時に使ったのが、箱ぢょうちんであります。われわれの祖先はちょうちん一つ作るのにも多勢の知恵を集めていろいろの改良を加えているのであります。[1]『和漢三才図会《わかんさんさいずえ》』という本には、たいまつの雨に消えない秘法《ひほう》などというのがあります。たいまつは雨に消えることが大きな欠点だったのが、ちょうちんができると、紙には油がぬってあり、口にはふたがあって、もうその心配はなくなりました。それだけならまだあたりまえとも思われますが、今日皆さんがよくご存じの、赤いかわいいほおずきぢょうちんなどというものは、もっと飛びはなれた発明で、支那はもちろん、昔の日本にもまったくなかったものであります。

その発明の一つは、そんな小さなちょうちんに使えるようなろうそくを考え出したことです。昔はろうそくの大きさもきまっていました。それをともして、まわりの紙が焼けないようにするのには、もとのちょうちんはよほど大きくなければなりませんでした。小さなほおずきぢょうちんができるためには、小ろうそくというものがなければなりません。そうして小ろうそくができたのは新しいことでありました。東日本では今でもこの小ろうそくを仰願寺《こうがんじ》といっています。その名の説明をした逸話《いつわ》がいろいろの本に出ていますが、今から二百六、七十年前の延宝《えんぽう》（一六七三―一六八一）というころに、江戸の浅草の仰願《こうがん》寺《じ》というお寺の上人《しょうにん》が懇意《こんい》なちょうちん屋の話を聞いて、子供にでも持てるような小さなちょうちんを数多くともして歩かせてみたいと思って、こんな小さなろうそくを作らせたのだそうで、いわば子供の要求が通ったわけであります。近ごろではそのコウガンジろうそくでも、まだあぶないような小さなほおずきぢょうちんを、火はともさずにただ赤く外をぬって、昼間でも用いるようになっていますが、それになる道すじは、いったん仰願寺の和尚《おしょう》が働いて、それからのちにべにぢょうちんというろうそくなしにでも持って遊べるようなものが、第二段に生まれてきたのであります。

ろうそくの変遷

ろうそくというものはずっと古く、奈良朝のころからすでに日本にはその名がありましたが、用途は非常に限られ、価もよほど高く、分量も少なく、上流の人たちでないと使われぬたいせつな品で、宮殿とかお寺の本堂とかでしか用いられないものでした。あることのみは久しくわかっておってもそれをちょうちんにともすことはただの人にはできませんでした。今日はふたたびその用い場所が少なくなり、注意してそれを見ることはできなくなりましたから、もう知らぬ人が多いかもしれませんが、ちょうちんと同じにこのろうそくにも、長い年代の間に非常な改良が加えられているのであります。明治にはいってからのいちばん大きいろうそくの改良は、しんの変化でありました。ろうそくの油をしんににじませて、火が長く燃えているようにするのには、紙をまいてひねった紙しんを使いました。その一つ前には、民間で使うろうそくには、とうきびなどのずいを使ったものもあったということです。紙は燃えれば灰《はい》になるからそのままにしてもよいが、とうきびのしんはいつまでも太く残っておって、大きく火が燃え、ろうが早くとけるので、たびたびそのしんをたたいて小さくする必要がありました。そこでこのろうそくの名を、頭をたたかれるから、折檻《せっかん》ろうそくとたわむれに呼んだという話もあります。しかしとうきびのしんはもちろん、紙でしんを作った場合でも、火力が強くてろうが早く流れますから、とても仰《こう》願寺《がんじ》のような細いろうそくは作れません。それでこの小ろうそくの発明は、おもにしんを細くすることに力を入れたので、初めはたぶん燈心《とうしん》というものを材料にしていたのだろうと思います。

以前のろうそくは、しん切りの仕事が非常にうるさく、燭台《しょくだい》の横のかぎには、必ずそのしん切りという金物のはさみがかかっていて、一人がつききりのようにして、そのしんをはさみ取りました。浄瑠璃《じょうるり》や芝居《しばい》の舞台《ぶたい》でこのようなろうそくを立てた所には、必ず一人のしん切りの男があちらこちらと走りまわってしんを切りました。燭台の下にはまた、切ったしんを入れるための、ふたのある火消しつぼのようなものがついていて、昔はこれをほくそほとぎといいました。ホトギはつぼのことで、たいていは土焼きの器、後には真鍮《しんちゅう》などのりっぱなものができました。燭台としん切りとこのつぼと、三つそろえて一組になっていたものが、かつては普通の家庭の欠くべからざる道具になっていました。ところが近いころに、たぶんは西洋から、木綿《もめん》をより合わせてしんにした糸しんがはいってきて、この二つの付属品《ふぞくひん》は不要になりました。そうしてろうそくのろうが少ししかとけないで、燈火の光が長くもつようになったのであります。

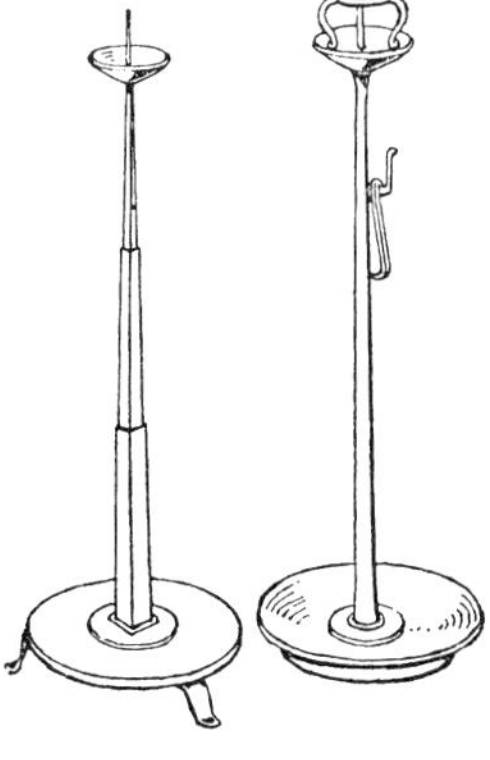

燭　台

支那からはじめてはいってきたろうは、みつばちの巣から取った蜜蠟《みつろう》らしく、これはわが国ではできませんから、後にはうるしの実、それも主としてはぜうるしから採

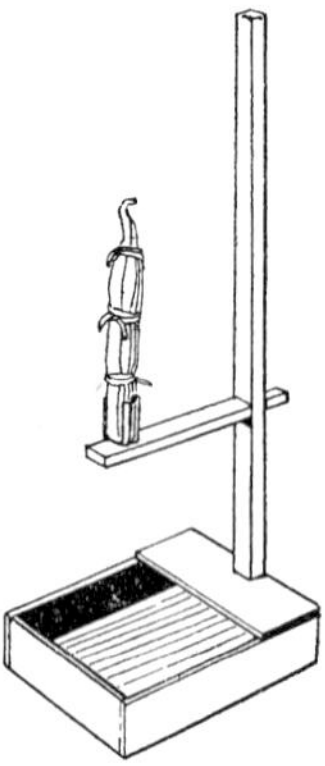
燭台と松やにろうそく

るようになりました。しかしまた一方には、油煙《ゆえん》が多く立ち、物は悪いけれども、松やにろうそくというものがありましたので、上等のろうそくはなくても、農家ではこれで間《ま》に合わせて、用をたしていたのであります。ろうそくがだんだんと多く日本で使われだしたのは、あぶらなの普及から後のことかと思います。なたねの油をともして家の中が明るくなると、家の外でも、またすみずみのやみを照らすにも、もっとよいあかりがなくてはすまぬようになったのであります。ろうからろうそくを作るには、そのしんに何度もろうをぬり重ねるのを「巻掛《まきか》け」といいました。外国からきたのは「筒掛《つつ》け」といって、竹を二つに割った中へろうを流しこむのですが、日本の作り方は木ろう一貫目に油一升をねり合わせたものを、しんの上にぬり重ねていくということが、『和漢三才図会《わかんさんさいずえ》』には見えております。そうしてろうそくのろうをしぼる、はぜの木の栽培が奨励されたのも、なたねの畑が多くなったのも、ともに弓張《ゆみはり》ぢょうちんの発明と同じころの、今から二百年とはたたない江戸時代なかばのことで、その時分から、ろうそくの利用が民間にさかんになったわけであります。しかもこの利用はまた、新たに次のいろいろの発明をうながしました。ろうをさらす技術がだんだんと発達してきて、白い美しい色つやをもった、臭味《くさみ》のない、きれいな白《はく》ろうが、商品として現われ、ついでまた鉱物質《こうぶつしつ》の、たぶん石油のかすから作った石《せき》ろうというものがはいってきて、名前は一つでも、あなたがたのおじいさんのころのろうそくと、今のろうそくとは、まったく違ったものになっているのであります。それと同じような変遷は、実は昔からなんべんもあったのです。そのお話がおもしろいから、もうすこしくわしく述べてみましょう。

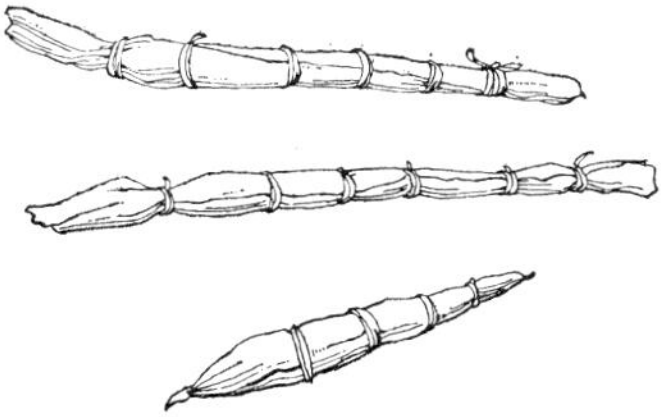

松やにろうそく

はじめてわが国の人が、支那からこの燈火を学んだ場合には、ロウソクといわずにラッソクと呼んでおったかと思われて、今も古風な一種のろうそくだけに、その名が残っております。日本のような常に風の吹く国で、風をさえぎる道具だてをともなわずに、これが輸入されたことは、一つの不便でありました。はだかろうそくのいちばん困ることは、風にあおられるとほのおが一方へなびいて、ろうの片方だけがとけて役に立たなくなることです。それを平らに燃えるようにするためには、紙のしょうじをつけて風を防ぎ、火をまっすぐにすることで、紙の利用が進まなかったころには、ろうそくはたいへん使いにくいめんどうなものでした。

　キリシタンがわが国に渡ってきたころの、ジェシュイット[2]の坊さんの手紙などを見ると、かれらのお祭りにもさかんにろうそくを使っていますが、いずれもはだかのままのろうそくを手に持ち、または木の枝にさしていたようです。大陸の風習ではそれでよかったが、日本は日暮れや夜中に風のよく吹く国だから、これでは多くのろうそくがかたよってとけて、むだになりやすく、それを防ぐ風よけのおおいを作るには、紙が昔のようにねだんの高いものでなく、だれにでもたやすく得られなければなりません。それゆえに紙が自由に手にはいって、家には紙の窓ができて部屋部屋《へやへや》が明るくなるのと同じころから、急にろうそくは国民の間に使われるようになったのであります。

　そうしてまた、ちょうどそのころから、これをラッソクといわずに、ロウソクという人が多くなってきたようであります。これはおそらく、もう蠟《ろう》という漢語を知ったので、蠟の燭《そく》だからロウソクのほうがよいと思ったからでありましょうが、おかしいことには、これを改良したろうそくの名に限って用い、古くからあったほうの松やにのろうそくだけには、いつまでもラッソクという名を残しております。中国地方の山村でも奥羽地方でも、つい近ごろまで、ラッチョクともまたラッツォクともいうのがあって、それはいずれもしんのない、ろうでないもので作った燈火でありました。松やにろうそくは、この古風なラッソクという名のほかに、所によってはまたヨジロウという、人のような名前をつけております。それも与次郎《よじろう》という人が発明したものでもなんでもなく、もとから松やにのことをヨジロという日本語があったのであります。秋田の方ではまた、これを馬鹿《ばか》ろうそくといいました。火をともすとまるで馬鹿のように、はなをたらすからだといっております。

この松やにろうそくを作るには、山へ行って、材木にならぬようなまがった松の木を見つけ、春さきその幹に傷《きず》をつけておき、秋になって傷口から流れる松やにを集めて材料にしました。こうして松やにを採るしごとをたたきといったことは、ちょうど今日のゴムのタッピングとも似ておりますが、それで一名をタタキロウソクという土地もあります。採った松やには入れ物に集めて、火であたためてこねて長い棒に作るので、それでまたデッチともこれを呼んでいました。デッチルというのは「こねる」のいなか言葉であります。

でっちあげた松やにはササの葉で包んで、その上をタツノヒゲという草で数か所結びます。少しぐらいの風にも火が消えないので、やや遠い所までともして行くことができましたが、今のちょうちんのように、さげて旅行をするということはできません。ろうそくは下に穴があり、ちょうちんにはくぎが立っており、また簡単に火をつぐこともできましたが、松やにを固めたものは、一方の溶けるのを待って、次のものにくっつけるだけでした。それでもただの木の枝を燃やすよりは便利なので、中世の人たちはこれを続松と書いて、ツイマツと呼んでおりました。ツイマツのマツは木の名であると同時に、日本ではまた火のことでもあったようです。火には松の木が多く使われており、沖縄《おきなわ》では今でも、オマツというのが火のことであります。

たいまつの起こり

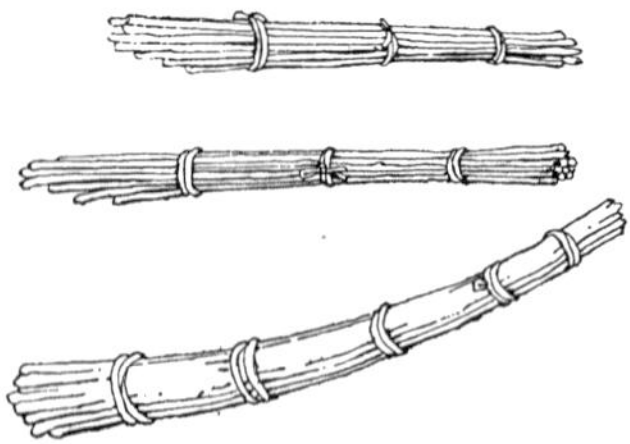

たいまつ

炬火をタイマツという言葉は、今ではよくわからぬまで人が使っています。あるいはタクマツだといったり、また続松のツイマツから変化した言葉だなどと、多くの学者はいっていますが、それは誤りのようであります。タイは手火と書くべきもので、現に今でも盆の祭りをタイタテといったり、タイトボシといったり、百八タイといったり、タイだけを離して用いる地方が多いのを見ても、もとは手にとる火、すなわち手火《たび》であったことがよくわかります。この言葉のいちばん古く文字に現われたのは、『日本書紀』の神代の巻に、伊弉諾尊《いざなぎのみこと》が湯《ゆ》津《つ》爪櫛《つまぐし》の雄柱《おばしら》を一つ欠いてタビとなされ、伊弉冉尊《いざなみのみこと》を御覧になったとあるのがそれで、そのころは二寸か三寸の短いタイがあったらしいのが、後には二尺も三尺もある長いたいまつができたので、今でいえばはだかろうそくやマッチの軸木《じくぎ》なども、皆一つの手火であります。

ろうそくが普通に用いられるようになると、ろうのくずがたくさんにできますが、支那ではこれに燭涙《しょくるい》という言葉もできているくらい、実際涙のようにろうそくのそばから、溶《と》けて流れて下に落ちました。それを大事にためておいてもう一度溶かし、こよりなどに塗《ぬ》ったのが紙燭《しそく》というもので、昔の人はよくこれを使いました。ろうそくのしんに紙を使うことは、この紙燭と関係があるように思いますが、もちろんそんな火をともして遠くまで歩いて行くわけにいきません。今日のろうマッチと同じく、履物《はきもの》をさがしたり、戸だなから物を出したり、そういうほんの簡単な用にしか使いませんでした。

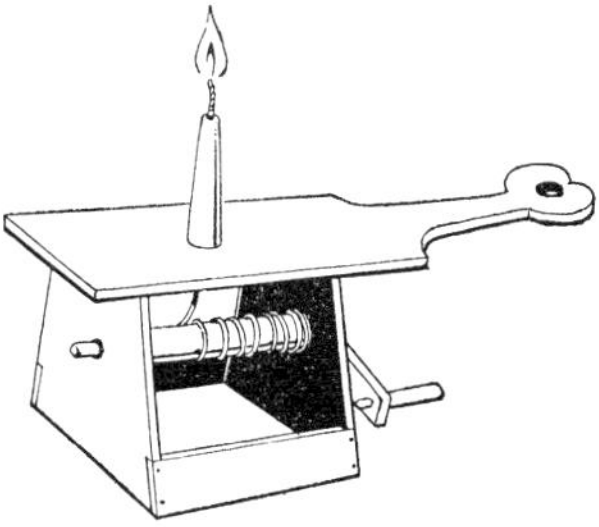

紙　燭

夜分にもし二里も三里もの先へ行かなければならぬ時には、必ずたいまつというものをともして出かけました。それがちょうちんの普及するまでの、屋外のあかりのたった一つの方法でした。一本が通例昔の半時《はんとき》、今の一時間はもつものとなっていて、三時《とき》の旅行をするには六本持って行くとか、月が夜中に出るからそれまでの二本でよいなどと、見積もりをするのが重要なことでした。それで夜通し遠道を歩く者、または山にはいって夜の狩りをするような人たちは、背なかに大きなかごを負うて、たくさんのたいまつをその中に入れて出かけたので、夜の外出はもとはたいへんなしたくでした。それがわずか

二、三本のろうそくと、たった一つのちょうちんがありさえすれば、用がたりるようになったのですから、この便利をわれもわれもと利用するようになったのはあたりまえです。そうしてそれまでになるのにも、幾人もの知恵や才覚《さいかく》が応用されなければならなかったので、簡単には作り出すことのできなかったことは、現在の懐中電燈もまったく同じことであります。

たいまつは今でもマツのアカリと書いておりますが、事実は松以外の材料を使ったものがなかなか多く、たとえば農家では麦わらタイマツ、竹細工《たけざいく》が行なわれる地方では竹くずを利用した竹タイマツ、またはひのきのうすいけずりくずを集めて作った上品なたいまつもあって、それは商品にもなり、大きな交通路の道ばたでは、これを並べて旅人に売ってもいたようです。以前はひのきが多かっただけでなく、ひもの細工《ざいく》といって、ひのきのうすい板を火であたためてまげたものを、おけとして使っておりました。その細工のくずを大事にしまっておいて、お嫁《よめ》入りとか晴《はれ》の旅立ちとかの、人に見られるような日に、たいまつに使おうとしたのであります。大きな美しい火の行列というものは、もとはたいまつでしか見られなかったのです。しかし都会の家がたてこみ、火災の恐ろしさを知ってから後は、人家の多い所ではなるたけ使わせぬようになり、したがってちょうちんが特別に発達したのであります。それよりずっと以前の、紙の商売もなく、ろうそくを長くもたせるしんの改良もなく、またちょうちんのまん中を丸くして火から遠ざけるだけの発明もなか

った時分には、やみ夜はたいまつよりほかに、道を明るくする方法がなかったのでありま
す。
　村に生まれた人たちなら、今でもまだおりおりは見ることができるたいまつ行列は、虫送りであります。害虫が田畑に発生した時に、火をたいてそれを駆除《くじょ》するのは、理屈に合ったことで、ただ以前は少しおまじないのような心持ちもまじえて、それが実行されていたのであります。たとえばわらで人形をこしらえて、害虫の親方と見立てたり、これを馬に乗せ、食べ物を持たせ、もしくはつとやイモの葉の中へ害虫を集めて入れたものを、この人形にしょわせたりして、それを先頭に立てて松の火をたくさんともし、時によって村中総出でかね太鼓《たいこ》をたたいて送って行き、しまいには村境の塚《つか》の上で燃やしたり、または海川の中へその人形もたいまつも、いっさいがっさい流してしまうのであります。私たちの小さいころは、夏も終わりに近くなるころ、どこの村でもこのたいまつ行列を、代わり番こにしていました。まっ暗な晩だと、いなかではことにそれが美しく感じられ、いつまでも人がよく覚えているのであります。
　近ごろでもまだ少しは見ることができたいま一つのたいまつ行列は、雨ごいの時の行事であります。これは通例付近の山のいちばん高いてっぺんに行って火をたくので、遠くからながめた景色は虫送りよりも、またいっそう美しく子供の目にうつりました。これには二種の方法があって、その一つは、燃料をかついで山のてっぺんへ持って行ってから、大

きな火をたくもので、「せんだたき」とか「せんばがや」とかいって、多勢の手で大きな火をたくことが、一つのまじないの力にもなると思っていたのであります。いま一つは、山が低いか道が近いかすると、もう村から火をたいて出ていきます。二本か三本ずつめいめいが背中にたいまつをしょって、消えるとちょっと後にさがってつけて、前のを捨ててまたもとの列へかえってきます。それが村の青田のまん中を通って行くのが、たいへんきれいでした。燃料の節約で、火をたくことが少なくなりましたが、今でもまだ少しは、いなかのほうには残っていると思います。

盆の火

以前の人たちには、自分があかりなしに夜道を歩くことがつらいので、目に見えない神さまでも霊《れい》でも、すべてが同様だろうという考え方があったとみえまして、ひでりの神や虫の神を送るのにも火をたいたように、盆《ぼん》に遠くから家の御先祖が帰ってこられるにも、たいまつをともして迎えなければならぬという心持ちが普通でした。それが盆の火というものの起こりであり、そうしてまた家の外でたく火の中の、いちばんたいせつな、また美しいものとされていたのであります。

東京のまん中でも、つい近いころまでは、麻幹《おがら》のわずかばかりを、迎《むか》え火《び》・送《おく》り火《び》といって盆のあとさきに一度ずつ、門口《かどぐち》で燃やしていました。いなかでは、この火の美しさを喜ぶ心持ちも手伝って、たいへん数多く、また熱心にたき続けております。盆の迎え火をたくときには、関東・東北のいなかでも、また山陰地方の村々でも、どこでも同じような言葉を、子供たちが唱えていました。

じいさんばあさん
このあかりで
おでやれおでやーれ

盆が終わって精霊《しょうりょう》の帰られる時にも、「このあかりで、おいきやれ、おいきやれ」と言いました。コノアカリという文句がもうわからなくなって、今ではこの火をたく儀式の名を、コナガリといっている所もあります。春と秋の彼岸《ひがん》の入りの日にも、そういうことをする所がありますが、たいていは盆にたくのがきまりでした。あるいは百八タイという名もありますが、今は百八本のたいまつをともすことがむつかしいので、砂を盛って作った線香山《せんこうやま》に線香を百八本立てる所が多く、信州の南部などでは、広いふたのようなものに穴をあけて、百八本の線香をさして立てるようにしたものがあり、それを新盆《にいぼん》の家では表口に立てかけておきます。しかし東海道の海岸地方などでは、砂に線香をさした線香山のほうが、多いようです。

同じ信州でも、中央線のいなかなどではまたドンブヤといって、子供たちが盆の一つの楽しみとしているものがあります。山の小高い所へ火を持って上がって、わらじでこしらえた多くのたいまつに、火をつけてふりまわしたり投げたりするので、これももとは少年の楽しみのためではなく、やはり夜の大空から、盆の祭りに帰ってこられる先祖たちの道《みち》案内《あんない》のあかりでありました。それがだんだんとはなやかなものになってきたのであります。たいていの土地の魂迎《たまむか》えは、墓場《はかば》の前とか、川の流れの岸とか、または家の門口とか、ここを通って帰ってこられると思う所に火をたきます。魂送《たまおく》りの時は、御先祖の霊以外に、ほかの多くの無縁仏《むえんぼとけ》がいると思うので、ことに燈火をにぎやかにして送りました。東京でも近ごろまで、隅田川《すみだがわ》の流燈会《りゅうとうえ》といって、うすい板の上にろうそくを立てて、風に消えぬように都鳥《みやこどり》の形に切った紙のおおいをかけて、川上から無数にこのあかりを流しました。

ほかの地方では、多くはこれを精霊送《しょうりょうおく》りといって、小舟の形を作り、これに盆の供物《くもつ》をのせ、火をともして水に流しますが、その舟には西方丸《さいほうまる》だの極楽丸《ごくらくまる》だのという舟の名をつけて、今では半《なか》ば遊びのようになりかけています。中国・四国・九州の海岸には、繁盛の港町《みなとまち》が多く、そこではこの盆の精霊流《しょうりょうなが》しを、夏の最もにぎやかな楽しみの一つにしておりました。東北でも松島の瑞巌寺《ずいがんじ》の流燈会《りゅうとうえ》というのが有名で、あの景色のよい島々の間へこの火を流すのが、実にきれいでした。家々の精霊送りはそれほど有名でもなく、むしろさびしいものでありましたが、やはり、必ず食物を包んでおみやげとし、またたいまつの火をともして、「また来年もおいでなさい」といって送っております。くわしいことはまだわかっておりませんが、私たち日本人は、御先祖の霊が毎年日をきめて高い所から来られるという信仰を、持っていたようであります。それゆえに送る時はとにかく、迎える時はきまって、高い所に道案内の火、つまりは航海の燈台のようなあかりを上げようとする習慣が、古くからあったわけです。

精霊船

燈籠《とうろう》というものの発明が始まると、高燈籠《たかとうろう》などというものができて、ちょうど船の帆綱《ほづな》をくるのと同じしかけで、そのあかりをできるだけ高いさおの先へつりあげるようになりましたが、その一つ以前には、高い空に火をたくということに、かなりの苦心をしていたようであります。近ごろでは、盆燈籠《ぼんどうろう》はただの家の軒先につるすものとなっていますが、百年前までは、京都でも江戸でも、高燈籠がたいへんはやって、家ごとに長いさおを立てました。去年の盆からあとに人のなくなった新盆《にいぼん》の家は、ぜひともこの高燈籠を立てたのですが、それを遠くからながめると、精霊ばかりか人間の目にも、たいへん美しく見えたということが、古い書物にも書いてあります。江戸では、将軍吉宗《よしむね》が駒場野《こまばの》の狩りの帰りに、どのあたりから見られたものか、青山の町のこの高燈籠の火が、非常にみごとであったのを感心されたという話も残っております。しかしこの風《ふう》は、今日ではもういなかにしかありません。私は大正九年の盆のころ、ちょうど流行性感冒のはやったあとで、東北の海岸地方を歩いたことがありますが、どの村もどの村も、この燈籠の柱が数多く並んで立っているのを、峠《とうげ》の上から見て、非常にさびしく感じました。昼間はこの柱の先に白い布を、空からおりてくる人たちの目じるしにさげておいて、夜はそれを燈籠のあかりと、取りかえることにしているのであります。

燈籠とろうそく

高いさおの先に火をあげて、空を来る神霊《しんれい》を案内する必要は、まだろうそくがなく、燈《とう》籠《ろう》ができない以前からありました。それで昔の人たちは、このためにいろいろと力をつくしたのであります。古い形では柱松《はしらまつ》といって、非常に長い柱のようなたいまつを作って、その中ほどにいくつものなわをつけておき、たいまつの頭に火をつけてから引き起こすことにしていました。しかし柱たいまつは、どんなに長くとも、燃えてしまうので夜通しはともせません。材料の豊かな家では、何本もこれを作っておいて、順々に次のたいまつを立てていたかもしれませんが、それではあまりに手数がかかるので、後にはまた一つのおもしろい方法ができました。

それは柱を立てたてっぺんに、傘《かさ》をさかさにしたような形の竹かごの、ホカゴ、またはホオズキともいうものを作りつけ、それにわらくずなどの燃料をうんと入れておいて、下から小さなたいまつに火をつけたのを、この火かごの中へほうり上げて入れるのです。これを投げたいまつといっておりました。これも多くの盆の火と同じに、後には、一種の競技になって、その行事が今でも残っている土地では、投げた小たいまつが火かごにはいって、早く火がついたほうが勝ちということにし、二本以上の高い柱を立ててわざくらべをしました。その技術がだんだん発達して、ただではおもしろくないと、しゃがんでまたの間からその手火《たい》を投げ上げるような風習が、今でも熊野《くまの》の海岸地方や、中国地方の村々には残っております。その起こりはどれも皆この柱松で、初めに火をつけてから柱を引き起こす代わりに、立てておいて下から火を投げてつけるのが、この大がかりな名物の競技ともなるくらいに、盆には高いところにあかしを上げる必要が大きかったのです。

燈籠はちょうどそういう必要のある所へはいってきたので、だれでもさっそくそれを採用せずにはおられなかったのであります。高燈籠の普通のあげ方は、前にもいったように、船の帆《ほ》を引き上げるあのせびというものを用い、これに二本のつなをつけて、上げ下げのできるようにしました。火が消えればもちろんおろし、雨の日や昼間はおろしておきます。

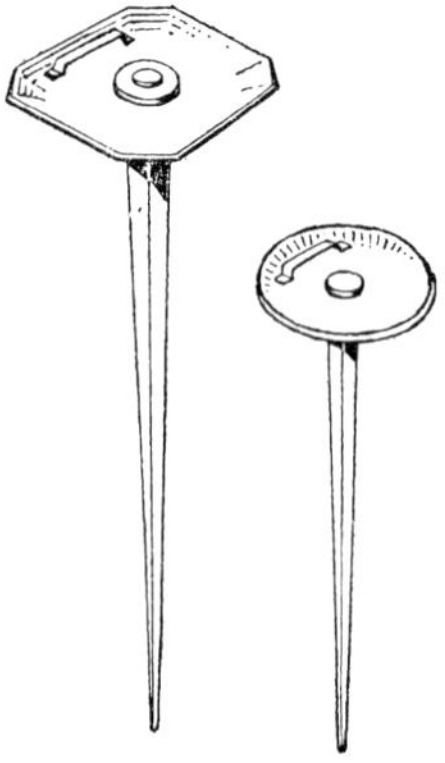

松燈蓋

これでまずそうたくさんの人を使わぬ家でも、めいめいに盆には高い柱を立てて、ほとけさまを迎えるあかりの火を、あげることができるようになりました。これが燈籠木というものの起こりであります。

燈籠木《とうろうぎ》はもとは盆の月のついたちに立てて、それから七月の月いっぱい、毎夜火をともすのが普通でありました。しかしこの長い間、ろうそくをその燈籠につけておくということは、手数よりも費用がたいへんで、よっぽどお金のある家でないとできません。なんとかしてろうそくの代わりに、油を使うことはできないものかと工夫しました。油をともすのは倹約《けんやく》というだけでなく、ろうそくよりも長くもって、何度も燈籠を上げたりおろしたりする世話《せわ》がなくてすみます。それでここにまた一つの発明が起こりました。これは皆さんのような若い人でなくても、もう覚えていない人が多くなったろうと思いますが、大きな盆の燈籠の中には、ろうそくの代わりに油をともす、一種の道具を用いました。普通はこれを燈蓋《とうがい》といっていましたが、別に変わった珍しい名が二つありました。ここでついでにその話をしましょう。

盆の燈籠や大きなちょうちんの中へ、ろうそくの代わりに入れておく燈蓋は、よほど形が普通のものと違っていました。あんどんなどに使うような浅い油皿《あぶらざら》だと、少し風が吹けばかたむいて油がこぼれるから、これだけは深い口のつぼんだ形にして、まん中に燈心をさす細い筒を立て、おまけに二寸ばかりの台をつけた、ちょっと電柱のがいしをさかさにしたような土焼きのつぼであります。その台の底には穴があいていて、それを燈籠に打ちつけてある釘にさして、ろうそくも同じように、ひっくりかえらぬしかけがしてあったのであります。知らない人が見たら、何だろうこれはといいそうな、妙なかっこうのものであります。あんどんの油燈蓋と区別するために、東北地方では、これをタンコロとも、また、タンコロリンともいって、かたいなかではまだ少しずつ使っております。どうしてそういうのかよくわかりませんが、ともし油の徳利《とくり》をテンコという言葉もありますから、あるいはこれも同じ名で呼んだのが、後にはこれだけを別にしたのかもしれません。実際ころころとしたころびやすそうな形をしております。

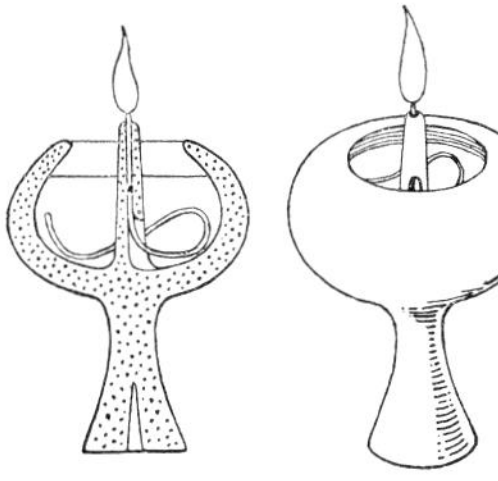
ヒョウソク

それからいま一つ、上方《かみがた》の方へ行くと、これをヒョウソクといいました。これなどは確かにおどけた名前で、ろうそくのかわりになってひょうたんの形をしているからそれでヒョウソク、だれかがたわむれにつけたものが流行して、しまいには本名のようになったのであります。燈籠というものがどこの家にも、ひろく用いられる世の中にならなければ、こんなおかしなヒョウソクだのタンコロリンだのは、名前ばかりか物も必要がなかったのです。それがこのとおり有名になり、どんな小さな村の荒物屋の店先にもころがっているようになったのは、一つにはろうそくの非常に便利なものであることを知って、しかもそれを手に入れることのできぬ人の多かったのと、また一つには油というものが、だんだんと手軽に製造されて、自由に使われるようになった結果であります。

ところが今日はまたふたたび、家の外でも内でも電燈ばかりが用いられるようになって、もう燈籠とか燈蓋とかいうものが、どんな形をしていたかということを、知らない人が多くなってしまったのであります。二千六百年余の昔から、今のとおりであったろうと思う者は、一人もないのに、それがどういうふうに変わったかと問われて、答える人は少ないのであります。そうした歴史を知らないと、今の時代のありがたさということも本当はよくわからぬのであります。

家の燈火

そこで今度は屋内へはいってきて、家の燈火がどんなふうに発達してきたか、今日の電燈になるまでの間に、どれだけの変化を経ているかを話してみましょう。

家で油をあかりに使うようになったのは、主として都会地がもとであります。都会は開けるにつれて人の出入りが多く、家族の数がふえるばかりか、夜まで人の出入りする家、たとえば東京名物のお湯屋とかそば屋とかまたは宿屋とかが、まず新しい燈火を必要とするようになりました。

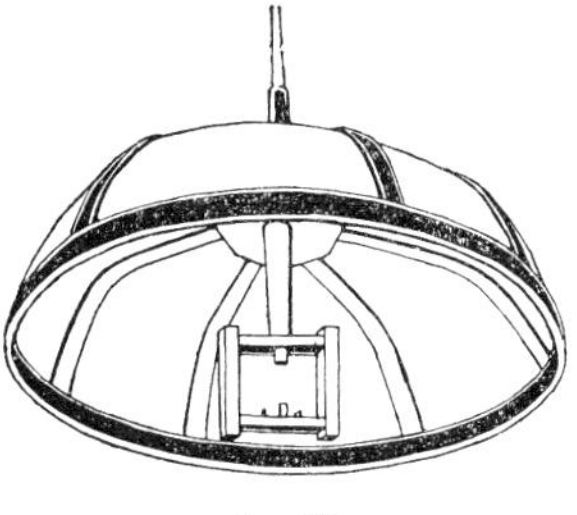

八　間

単に家族の多いだけなら、一ところに集まって仕事をすることもできますが、お客と名のつくよその人が夜も来るような所には、表にも座敷にも、それぞれのあかりが入用になりました。普通の家々に同じ油の燈火がともされるようになったのは、それよりまた後のことであります。最初には今日の電燈はもちろん、ランプというものさえなかったのであります。もとは、なたねの油をともすあんどんというものさえもありませんでした。絵などに残っているので見ている人もありましょうが、町でもただ大きな家の広敷《ひろしき》や上《あ》がりはなの天井《てんじょう》に、八間《はちけん》という、形も八角の大きな燈籠《とうろう》がさがっていました。たぶんは八間くらいの遠さまで照らすという意味で、そんな名をつけたのだろうと思います。

ろうそくは値の高いもので、とても毎晩ともしてはおられません。かわりにギョトウといって、魚をしめてとった油を使いました。魚燈の油はまことにくさいもので、ろうそくもくさかったが、それよりもさらに不愉快な、油が手につけば、なまぐさい香がとれなくて困るほどのものでした。しかし日本は昔から、いっぺんに魚のたくさんとれる島で、いつも食料には余るので、こうして油をしぼって売るのが一つの事業になっていたのです。現在では精製していろいろの工業品に製しております。前にも害虫駆除《くじょ》用やその他の新しい用途を考えた人もありましたが、はじめてこれをしぼった時代には、燈火の油にするのが、ただ一つの目的でありました。魚燈の火はちっとも明るくなく、おまけに外からはいってくるとすぐに鼻につき、着物にもにおいがつくほどのくさい油で、漁村はお手のものだからいつまでも使っていましたが、都会では他によい油がないから使ったので、何か代わりになる油の出るのを、いわば待ちかねていたのであります。

魚燈がなたねの油に変わったということは、一つの大きな生活改良でありました。油を燈火に使うのは、かなり古い時代からのことで、中世の絵巻物《えまきもの》などを見ると、宮殿でも、神さま・仏さまの前でも、また美しい女の人が、短檠《たんけい》といったり結《むす》び燈台《とうだい》といったりするものを前に置いて、すわっているところなどがかいてあります。これには、油の火をともしていたことは確かですが、その油はたいへん貴重なもので、とうてい普通の家の経済に相応せぬものだったらしいのです。そういうわけは、あのころの油は、原料が主としてごまだったからで、ごまは産量が少ないうえに、これから油をしぼるのも容易なわざではなかったからです。

ごまの油の次には、荏《え》の油というのが、かなり古くから、日本へはいってきております。またかやの木の多い所では、かやの実の油を用い、またはつばきの油を使う所もあったようですが、これらもまた値が高いから、全国一般の燈油にはすることができませんでした。そういう中でも、ごまとえごまは、たしかに魚燈の油よりも古くから日本にはあったのですが、これを燈火に用いる所は限られておりました。大きな寺などでは、これが重要な消費になり、ごま一色《いっしき》といってごまだけで年貢《ねんぐ》をおさめる領地を持っているものさえありました。

そうこうしているうちにたぶん支那から、あぶらながはいってきたのであります。そうしてこれがたちまちのうちに、家々の燈火を変化させ、また日本の農業にも変化を与えました。あぶらなは蕓薹《うんだい》と書いておりますが、これがはいってくるやいなや油の値はだんだんと安くなり、その便利なことが一般にわかって、いつの間にか全国に普及してしまいました。その原因はおそらく、栽培が容易で、産量がごまなどよりはずっと多く、またどこへでも運送しやすかったからでしょうが、いま一つには、人がすでに燈油の便利を知って、しかも魚燈のくさいのに閉口し、何か代わりの品を待っていたためかと思います。何にもせよ、このなたねの花の栽培のために、いなかの春の景色は一変したかと思うくらいに、まんべんなく広がったのであります。

もとは日本はどちらかというと、畑作のあまり進まぬ国でありました。それがちょうどなたねの花を咲かせるようになったころから、麦類も盛んに畑にまくことになり、また一方には、田んぼの緑肥《りょくひ》用として、れんげそうを作りだしまして、麦の緑と菜の花の黄色と、れんげ草の紅の色とで、みごとに春の平野をいろどることになりました。すなわち家々の夜を明るくしようとした私たちの願いが、偶然ながらも、一国の風景までを明るくしたのであります。世の中の進みというものは、まことにうれしいものでありました。

油とあんどん

胡麻《ごま》はその文字でもわかるように、もとは外国からはいってきた植物であります。荏《え》というほうは日本の名がありますから、この国に初めからあったのでしょうが、その実を油にしぼり、燈火に使うようになったのが、ごまより前のことか、またはごまにならったものかは、確かにいうことができません。しかし土地土地についていうと、ごまはまったく油としては使わずに、他の植物ばかりを燈火に燃やしていた所は多いのであります。つばきの実もその一つですが、このほうはまだ髪にもつけたり、また食用にもしていました。かやの実もこれと同様に、多くは食べるほうに使っております。これに対して、家の中のあかり専門に油をしぼっていたものが、ほかに何かあるかと思ってさがしていると、一つは確かにあることがわかってきました。そうしてこれはもうだんだんに、人に忘れられようとしております。かなり山の中の村へ行かぬと、もうこの油をともしている人はありませんが、もとは全国に行なわれていたと見えて、どこに行ってもその記憶があります。それはかやの木の種類で、普通にはいぬがやともいいますが、それよりもよく知られていたのはヒョウビという名であります。少しにおいが悪く、食物にも何もならぬ油で、おそらくただ燈火のためだけに、実を取り油をしぼったものと思われます。このごろこれを用いる人が少なくなったばかりに、よそに同じものがあるのを、互いに知らぬようになってしまいました。

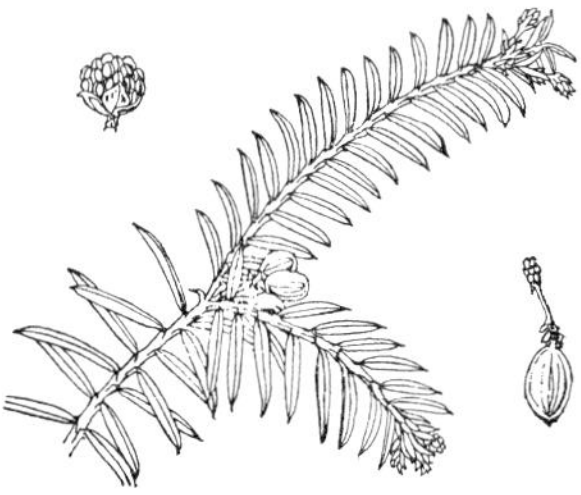
いぬがや

　九州方面の山の村ではヘボノ木とかヘボガヤというのが古く、中部地方ではヒョウビといい、東北に行くとショウビ・ソウブというように、ハ行がサ行に変わってきていますが、京都の近くでは、ヘーベまたはヒビ、越後ではヒョウミ、また東京付近の山村ではヘッタマ・ヘダマともいいまして、どれが本来の正しい言葉かわからなくなりました。が、とにかく一つの名が全国に行きわた

丸あんどん

っていたのですから、かつては一般の必要品であったことだけは、想像することができます。

　京都の近くの古い有名なお宮でも、神さまのお燈明《とうみょう》は、必ずこれからとった油の火を上げるという所があります。吉野《よしの》の奥の村などでは、近ごろまで家の火にこれを使っていました。その油のしぼり方をきいてみると、まずヒョウビの実がよく熟してから拾い集め、いったん土中にいけて半年ほどおき、冬にはいってからそれを取り出して、上皮の腐《くさ》った部分を洗い去って中の実を蒸《む》すのです。やっかいなことにはくさい香が移るので、普通の蒸釜《むしがま》は使えません。わずかな汁が釜にはいっただけでも、他の食物は皆くさくなるので、そのために特別の蒸釜を用意し、またその道具の置き所も別にしました。

　この油の特徴は、ひどい寒中の寒さでも凍《こお》らないことで、つまりは冬の神祭のある所では、この油しか使えなかったのであります。石器や縄文土器《じょうもんどき》を使った大昔の遺跡《いせき》から、器にはいって、このヒョウビの実が出てきたことがあるという人もあります。そうするとこれは食用にはならぬものですから、もうそんなころからこの植物の油をしぼって、あかりにしていたのかということが考えられます。それが山奥の村では、今なお利用されていたというのは、驚くべきことであります。あぶらなの油があれば、もうこんなのは使わなくてもよいのですが、これでもかまわぬという人がまだあるのです。ことに神社などで、今も昔のままにへべの油をともしているのは、単に倹約《けんやく》からだけではなくて、古い習わしを改めまいとしているのであります。

それがいよいよ最近になって、もうこの油を使わないばかりか、名をさえ忘れてしまった人が多くなりました。そうしてそのかわりに出てきた種油《たねあぶら》、種油といえばあぶらなの種をしぼったものに限るくらいに普及しておったその油のことをさえ、こうしてわざわざお話をしなければ、どんなものか知らず、あんどんも見たことがないという子供たちの多い世の中になりました。しかし今でも近世の文学や絵の中には、あんどんだけはしばしば現われ、これを知らなければ、一部の平民文学は理解することができないといって、これを保存しようとしている人はありますが、なおそのあんどんの油皿に注《つ》いでいた油の変化には、気がつかぬ者が多いのであります。

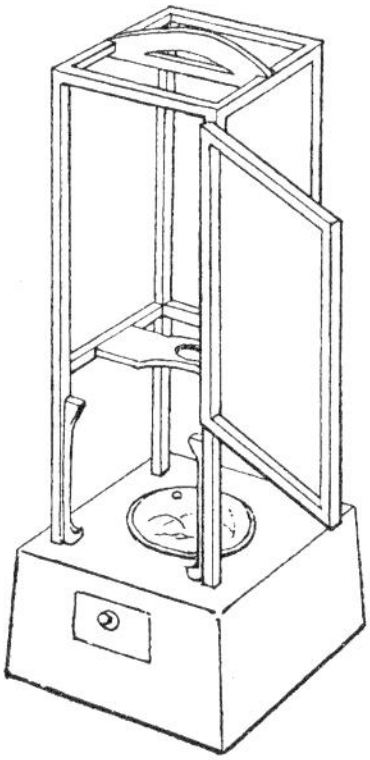
角あんどん

多くのいなかの年寄りは、もとは皆あんどんの下で本を読んで大きくなりましたから、そう早くこれを忘れてはしまいません。あんどんの種類には、丸あんどんと角あんどん、その他少しずつ形のちがったものがありました。この中では丸あんどんのほうがもちろんしゃれたものなので、有名な小堀遠州《こぼりえんしゅう》[3]という人の発明であるといわれ、一名を遠州あんどんともいいます。風流な考案がなされてあり、台の縁につけた丸いみぞによって、半円ずつあけたてができるようになっていました。丸い筒の半分が重なっていて、くるりと回すとしまり、風のない晩にはその半分をあけたままにして、光りの輪が広いので、物を見るのには便利なところから、関西のほうでは普通の家庭のありふれた家具となって、そういう風流なものとも知らずに、私たちも使っていました。

　角あんどんのほうは、四角の一方の戸を開けて火をつけたり油をさしたりしますが、残り三方は紙にさえぎられてうす暗く、おまけに中へ手を入れて燈心をかきたてるのがやや不便でした。丸あんどんだと油皿が半分外へ出ますから、皿をかたむけたり油をこぼしたりする心配が少なく、だれにもよくわかる、たいへんかしこい発明でありました。

　家々のあんどんの高さは、大人が上の取手を持って、引きずらずに歩けるだけにできていました。それには大きくなっていく子供がことに興味を持って、よくあんどんより高くなったとか、あんどんよりはまだ背が低いなどといいました。それで私たちも、もとはあんどんの高さというものは、必ずこれだけのものと、長い間思っておりましたが、気をつけて見ると、あんどんの高さにも、やはり時世とともに大きな移りがあったのです。私たちのあんどんの台には引き出しがついていて、その中に燈心がはいっていますが、注意のいきとどいた家では、そのほかにも付木《つけぎ》とか火打《ひう》ちとか、あかりをともすひととおりの道具をしまっておきますし、また時々は小銭《こぜに》など入れてあったと見えて『七部集』の連句の中には、

あんどんの引き出しさがすはした銭《ぜに》
　顔にもの着てうたたねの月

などという句も出ています。菓子や食べものまでは入れておきませんが、それでも小さな子の好奇心のまとにはなっていました。

燈心と燈明皿《とうみょうざら》

油を入れ燈心《とうしん》をともす皿を、スズキといっておりました。あんどんの下から三分の二くらいの高さに、十文字に木が打ってあって、そのむすびの所を少しくぼめて、上に油皿がのっているのが普通でしたが、これも地方によりまた時代によって、いろいろの違いがあったようです。茨城県の方では、ちょうちんのことをオッペシアンドウといっていることが『俚《り》言集覧《げんしゅうらん》』[4]に見えておりますが、それはあんどんをおしつぶしたという意味だけでな

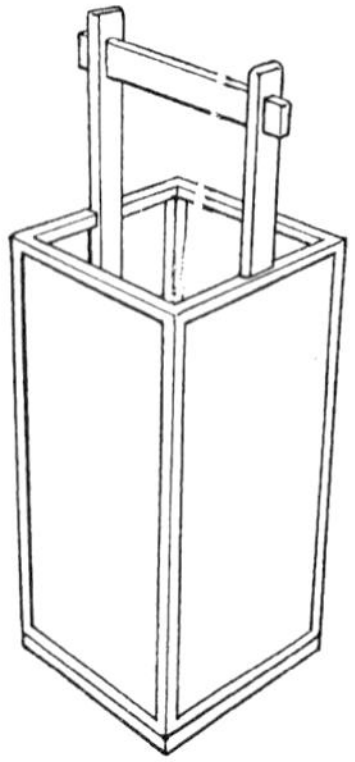

手さげあんどん

く、あんどんももとはちょうちんの一種だったからであります。アンドウのアンは行という字の南方支那音で、もとは下げて歩きまわる近距離用の燈だからあんどんと名づけたのです。後にはあぶないからといって、持って歩く習慣がすたれ、おいおいと後のランプのように、一つ所に置いて使うようになりましたが、持って歩くものだから、下げる取手《とって》がついているのです。土佐《とさ》の坂《さか》本龍馬《もとりょうま》の最後にも、あんどんをもって出たところを斬《き》られたということは、人がよく知っています。またあの『猿蓑《さるみの》』[5]の有名な連句にも、

草むらに蛙こはがる夕まぐれ
ふきの芽とりに行燈《あんど》ゆりけす

というのがありまして、お客でもあってちょっとふきの芽をとりに、あんどんを下げて暗い庭へ下りて行ったら、かわずがはねたのに驚いてゆり消したというのです。もとはちょうちんほどは遠くへは下げて出ないまでも、その辺をちょいと歩くという時には、ちょ

うど今日の懐中電燈の役目をしていたのであります。

その用途が、後にはボンボリといったり、手燭《てしょく》といったりする小さいものだけに残って、上から下げるかわりにえをつけて、簡単に持てるものになりましたが、あんどんというのがはじめてできた時には、むしろ奥の間で物をさがしたり、土間に落ちたものを見つけるというような用途が、主ではなかったかと思います。それがしまいには家の中の、きまった場所に置いて使うようになって、形も大ぶりで下が重く、台に引き出しもあるような一つの家具になったのであります。家の外に持って出るのは、高くて土に引きずるようでも困るし、中ほどの木に油皿をのせておけば、油もこぼれやすいわけですから、前にはたぶんあんどんの底をくぼめて、その上に燈蓋皿《とうがいざら》を置いたのかと思います。台に引き出しもなく、足がごく短く、たけの低い、底に板の置いてあるものが、今でも絵などの中に残っています。

あんどんとともに思い出すのは、燈心というものの珍しい形であります。子供はだれでもおもしろがって、よく手に取っておもちゃにしようとします。これはいという草から抜き出したもので、それゆえまたこの草を燈心草ともいいました。これへ油を吸わせたものは、端のほうからよく燃えるので、その火を油皿のへりのところでおさえておくと、そこでとまって明るい炎《ほのお》になるのです。軽くふわふわとした長い細いもので、それでやせ男などというおかしな名もありました。空気の中に長く出してあると、その細いのがさらにまたやせて細くなるので、黒い紙につつんで引き出しの中にしまっておりました。みょうばんを熱い湯にといた中に、一度ひたしてからかわかすと、やせを防ぐことができると、古い本にも出ております。値段もほくちと同様に、商品としてはこんな安いものは他にないといっていましたが、昔の人たちはそれさえ倹約して、普通お客でもある時は二すじ、家の者だけで仕事をする時は一すじにへらして、三本も燈心を入れるようなお嫁さんは、経済を知らぬ女のように悪くいわれました。

燈心がたいせつなというよりも、多くしておくと油のへり方が大きいからであります。それさえかまわなければ相応に明るいものなのですが、普通は燈心を倹約するために、あんどんは、うす暗いものといわれておりました。寝る時にはむろん吹き消しますが、赤ん坊でもあるか、まだ帰ってこぬ人があれば、有明《ありあ》けにして残しておきます。そういう時は、なるたけ細い一本あかりにして、他の燈心は、燈心かきでわきの方へ寄せておきます。こういう加減があるので、たびたびあんどんの中へ手を入れ、そのためにまた、丸あんどんが便利だったのであります。

この燈心が油皿に浮いていると、油がよくしまず、また火が動きやすいので、その上に燈心おさえというものをのせて、たいていはこれを燈心かきと兼用にしました。あんどんの火をかき立てるには、その燈心おさえをつまんで燈心を前へ出し、暗くするのにもそれで後へさげます。いつごろからかわかりませんが、この燈心おさえには、白い瀬戸物《せともの》の観《かん》音《のん》の像にかたどったのもありました。普通は下の方が輪になった棒みたいなもので、これもちょっと珍しい形でした。親たちにあんどんをもっと明るくせよ、または暗くせよと言いつけられて、燈心を動かすのが、女や子供の役目であったことは、たぶん古い世の松の火からの引きつづきと思いますが、それは決して不愉快な任務ではなかったことは、私などもよく覚えております。

燈盞、または燈明皿《とうみょうざら》というものは、昔は一枚のものだったらしく、古い絵巻に見えているのは、多くは木を三本組み合わせた上に、皿が一つだけのっています。ところが近世のリントウとかスズキ皿とかいうのは、どこでも上下二枚の皿を重ねております。室町《むろまち》時代にできた[6]『真俗雑記《しんぞくざつき》』という本には、油皿を二枚重ねて下の皿に水を入れておくと明るいと書いてあります。もうあのころから、燈明皿を二重にする風習が始まっていたものと見えます。

実際には上の皿に燈心を入れた場合、燈心の吸い上げる力で油が上に集まり、それが皿の裏へ回って下へしたたるのを防ぐためにそうしたもののようで、もとは下の皿にたまった油を、上の皿へもどしているのをよく見ました。それでもまだ油は物を伝って流れやすいので、あんどんの底には別にまたあんどん皿といって、上から落ちるものを受ける大型の皿があり、これがまた家々の欠くことのできぬ道具の一つでありました。その皿は普通は瀬戸物で、これに簡単な絵模様がかいてありました。近ごろではもう珍しいものになっ

あんどん皿

て、それをたくさん集めて喜んでいる人さえあります。柳宗悦《やなぎむねよし》さんなどが言い始められたゲテモノは、こういうあんどん皿などの中に多いのであります。

種油をともしたあんどんがすたれて、石油のランプになってからも、子供などはかくべつめんどうがらずにそのランプの掃除をしましたが、これには古いころからの歴史があったのです。あんどんも一晩ともせばあくる日は掃除をして、毎日きれいにしておかないと、人のおこたりがよく現われるので、夕方あかりをつける前には、ひととおりよごれをふき取ったり、下の皿の油を上の皿へ返したりします。それをするのが、必ず十三、四の娘の子の役のようになっていました。

私などがおもしろく思うのは、あんどんの掃除をして手がよごれると、しまいには反古紙《ほごがみ》でふきますが、その前に手についた油を髪の毛にぬるのが、倹約な時代の女の子の常のしぐさであったことです。女の子にかぎらず、男の子でも昔は髪を結《ゆ》っていたから、油をむだにせぬようにその手を頭にもっていく習慣がついたのですが、種油が石油ランプのくさいのに変わって後まで、ランプ掃除をした手を髪でふこうとするくせだけは、しばらくは残っておりました。今でも日本の少年が、何かというと頭をかくしぐさなども、油と関係がなくとも、やはり髪を結っていた時に始まったもので、男は今のようにくしを持って歩いたりしませんから、かゆい時には指を使ってかいたので、それがまた一つの手持ちぶさたの挙動ともなったのであります。昔の世のしきたりは細かい所まで、このように無意味な習慣となって残るものなのであります。そういうことにこまごまと気をつけて見ることは、女性にふさわしい歴史の学問であろうと私は思います。

油屋の発生

燈火の油はどういうふうに、国民の間に普及したかを考えてみますと、まず油屋という商売が頭に浮かびます。油を荷にして売り歩いたのは、中世も早くからのことで、俳諧《はいかい》の元祖の一人といわれる山崎《やまざき》[7]の宗鑑《そうかん》は、油売りでありました。江戸の町が始まっても、油屋は店を持たずに、小さな家々を回って売っておりました。「油を売る」というのが、人の家に来てしゃべって時を費すことを意味するのも、そのためであります。子供には「油屋さん」という、くびからひざの下まで届く特別の腹がけをさせるのも、たぶんこの油売りの職服に似ていたからでありましょう。油屋は着物をよごしやすい商売なので、他の商人のように帯から下の前かけではたまりません。それゆえにこういう胸当てをしていた姿が、昔の絵にもあり、またこれを着ておれば、一目で油屋だということがわかったのでありま す。

油屋になるのには、特別な練習がありました。油は他の入れものに移す時、細く糸のようにいつまでもたれるので、それをほかのものへかけぬように、まっすぐに入れものの中へはいるようにするのが、一つの技術でした。そのために油売りのますとしゃくとは、特別に精巧なものを用いました。そうして穴あき銭のまん中の穴を、縁へかからずに油を通せるようになるのが一人前だというくらいに、手がきっちりきまっていなければなりませんでした。

室町時代には油座《あぶらざ》といって、油を売る人たちだけの団体があって、油屋は仲間どうしの規則を設け、品質をきめ、値段を統制し、租税《そぜい》を前納して専売の特許を受けていたといいますが、そんなことはしないでも油屋には特別の技量があって、一定の修業をせぬと、これに加わることができませんでした。もし油屋の小僧が油を入れものの外へこぼすようだったら、もうそれだけでも商売にはならなかったのであります。

他の商品にくらべると、油は相応に値の高いもので、それだけにまた一度にたくさんは買っておきませんでした。以前は油テンコという一種の油徳利が、どこの家にもあり、酒徳利などといっしょにこの油テンコをさげて、村から町へ子供が買いに出るのが、いなかでよく見る光景でありました。石油は使い方も多かったのでこんな小さな徳利では足らず、もうこの油テンコは持っている家はないかもしれませんが、村の子供たちのお使いというと、これを下げて行くことが多いので、もとは彼らには親しみの多い器《うつわ》でした。私などは子供の時に、春の末たんぽぽの花のほほけて白くなったのを手に取って、

油買いに酢《す》買いに

油テンコ

といってはふっと吹いて飛ばす遊びをしました。これにはもっと長い童言葉《わらわことば》があったかと思われます。口で吹くとこの花の種の一つ一つが風にのって、あちこちとゆっくり飛んで行くのが、まるで小さな小さな徳利をさげたように見えて、ちょうど酢か油かを買いに行くかのように、子供の空想にうつったらしいので、私は今でもこの花の白いのを見ると、きっとこの童言葉を思い出します。

『野草雑記』の中にも書いておきましたが、千葉県でも、

たんぽぽを親孝行花《おやこうこうばな》といっている村里があります。これもやはりよくお使いをする花という意味で、こんな名をこしらえて子供に教えたものかと思っております。

しかしこのなつかしい子供の油買いも、やはり大昔からのものではなくて、そういう小さな油テンコをさげて、しばしば油を買いに出たのは、種油以後のことであります。ヒョウビの油などは、買うということはなく、たいていは家々で自分でしぼって使いました。その後には少しずつ、えの油やごまの油を使うようになっても、なお原料は家で栽培して、それを油をしめる人にたのんで、他の家々のといっしょに油にしてもらったことは、ちょうど手織りの木綿布《もめんぬの》を紺屋《こうや》に持って行って、染めさせるのも同じでありました。その習慣は、種油が出て後もまだしばらく続いて、家の畑で収穫《しゅうかく》した蕓薹《あぶらな》を、油屋に頼んで油にしてもらう習わしが、東北地方にはありました。油屋は別に料金を取らず、まず油かすを自分のものにし、またはそれ以上になたねの一部をもらい受けました。あるいは一定の割合をきめて、できた油となたねとを交換して、そのなたねを次の原料に使い、余分の油は町方《まちかた》などの、なたねを作らぬ人々に売っていたようであります。

福島県の北部から、奥羽地方の一帯にかけて、旧暦十一月十五日を、油しめの日といって祝っておりました。しかし、それは実際に油をしめる日ではなくて、その日はじめて今年の油を使うのを、めでたい事として祝ったのでありますが、最初にはあるいはこの日が油をしめるよい日であって、家々でしめていたのかもしれません。冬に入っていよいよ寒く、また夜が長くなりますと、燈火用だけではなく、油気の食物を多く食べるので、それでこの日を使い初《ぞ》めの日として祝ったのであります。

近いころまでの農家の若い嫁たちは、この日は必ず実家へ帰ってきて、一年中頭につけるだけの油を、徳利にいれてもらって行きました。そうしてまたこの新しい油でこしらえた食べ物を食べさせられるのが、この日の楽しい慣例《かんれい》でありました。

近畿地方から関西の方では、もう油しめの祝いということはなくなっていますが、そのかわりに冬至《とうじ》の前後のある一日、油揚げとか天ぷらとか、何か油で調理した食べ物を食べる日があって、しかもその日は特に油をこぼすことをいましめております。油をこぼすと火にたたるといって、全体に人はこれをきらっておりますが、その日はことに謹慎《きんしん》していたのであります。これもおそらくは東北の油しめと同じ祝い日で、やはりまた一段と古いころに、家々で自家用の油をしめていたなごりであろうかと、私などは想像しております。ともかくも種油の行商人が、回って売りにくるなどということは村にはなく、油の工場は町にさえも少なかったのであります。

ランプと石油

家で油をしめる道具などというものは、いたって簡単なまた粗末なもので、油の取れ方も少なかったにちがいありません。それが工場に、大きな精巧な機械を置くようになると、同じ原料からでも余分に油が採れて、両方が満足するような種と油との交易《こうえき》ができました。それで燈火に油をともす人が多くなるほどずつ、いよいよ町の油屋は利益のある商売となり、一方にはまたいなかの菜の花畑が、春ごとに広くなってきたのであります。この油しめの機械というものは、もう見たことのある人も少なくなりました。秋にはいると町のはずれなどの大きな建物の中から、種油をいるよいにおいがしてきて、長い間《ま》をおいてカタンという高い音が、道を行く子供の耳にひびきました。それはいったなたねの袋をしめ木にかけ、重いさいづちを高い所からすべらせて、そのしめ木にくさびを打ちこむ音でありました。今でも耳に残っている快いひびきであります。

こういうところへもってきて、ほとんど突然といってもよいくらいに、新しい石油がはいってきたのであります。石油のいちばん大きな影響は、以前の種油の燈火道具を何一つ利用できなくしたことです。あの時分の言葉でいうと舶来《はくらい》というもの、すなわち西洋でできたものか、またはそのまねをしたものと、すべてのものを取りかえてしまわなければならなかったので、家に二重の燈火道具を置くまいとすれば、あかりを根こそぎに改良するのほかはなかったのです。これには百姓は一時はかなりまごつきました。最初ごくしばらくの間は、なるたけ昔の道具を利用しようとしてみましたが、それはとうていできない相談でありました。そのわけは、石油は種油よりも引火しやすいために、火の燃えている所と油との間隔を、離しておかなければならないので、以前の燈心や油皿は、いっこう役にたたなくなったのです。それでも久しい間松の火をたいて、かがりのすすでまっ黒になることにはなれていたので、初めのうちははだか火の小とぼし、ブリキでこしらえたカンテラなどというものを使いましたが、これはあぶなくもあればまたいかにもくさいので、ほどなくやめてしまって、そのかわりに外国では見られないような、小さなガラスのホヤをつけた豆ランプというものが、主として農家で使われる時代がやってきました。これだけはどうやら日本の商人の考案であったようであります。

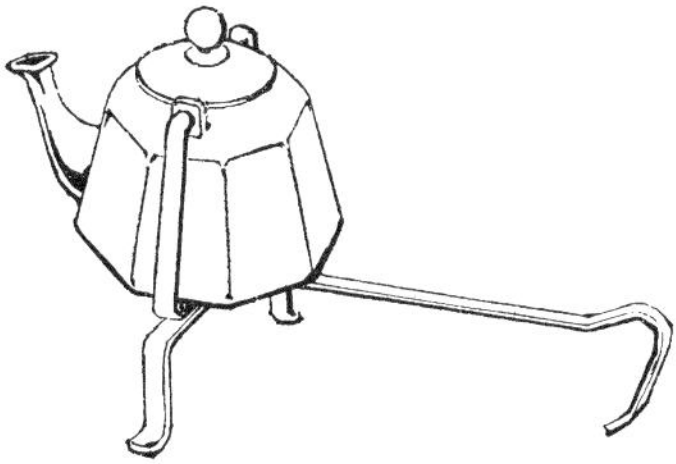
カンテラ

日本では今まで自分の持っている宝物を、心づかずにいた例がいくつもありますが、中でも石油などはそのいちじるしい例であります。燃ゆる土、燃ゆる水の記録は、上代の歴史の本にもありますが、越後《えちご》ではその燃ゆる水が「くそうずの油」という名で、七不思議の一つになっていました。それを布切れに浸して、少しずつは火なわのかわりにしたり、またたいまつにも使っておったかもしれませんが、新しくランプという装置の考え出されるまでは、たくさんの石油は流れても入用がなく、掘ってみようとする人さえなかったのです。それが今日のよう

豆ランプ

な大きな産業となって、北は秋田県の海岸地方にかけて、あの大きな石油地帯が発見されるようになったのも、小さな原因のようでありますが、農民がきわめて短い期間に、種油のあんどんから、石油ランプにたやすく移るだけの能力があったおかげで、そのランプはもはや今日は利用されなくなっても、それが因縁《いんねん》となって、石油の産業をこれだけ日本に盛んにしたのであります。

日本には限らずどこの国でも、石油のランプというものは、わずかの年代のうちに、めまぐるしいほどの変遷発達を通りこして、現在はもう主要の土地から消え去ってしまっていますが、わが国のはことに驚くほど盛りが短く、それだけは今日達者でいる年寄りたちよりほかに、持つことのできない大きな経験でありました。

ランプのホヤというものの形なども、日本のガラス吹き工場の一つの特徴をなしていたようで、他国のまねではなしに、こちらに来てからの自己流の行き方が、かなり働いていたと思われます。ガラスの工芸の最も進んだ厚ガラスや切子《きりこ》などは、まだ外国のとおりのりっぱなものができなかった際にも、いちばん初めに手をつけたのは、数のたくさん入用なランプのホヤであったのです。和製のホヤはこわれやすいといっていましたが、それでも初期のガラス工場は、ほとんどこればかり吹いておったといってもよいありさまでした。今ではもう見ることもできないかもしれません。

　ホヤを作るのには、原料の溶けたのを吹筒《ふきづつ》みたいなものの先へつけて、こちらから息を吹きこんでふくらますので、それがまったく呼吸一つ、まん中が太く後先《あとさき》が細いといった特殊な形のものを、職工が息の入れ方一つで作り上げました。すなわち手工業《てこうぎょう》というよりも口工業《くちこうぎょう》で、よく日本人の間《ま》とか勘《かん》とか加減とかいっているものを現わしております。それですからランプのホヤは、同じらっきょうのような形でも、下のくびれでも筒の細みでも、わずかな年月のうちにだんだんと変わってきております。もちろん火口とか螺旋《ねじ》とかの他の部分にも改良はありましたが、その改良に応じて次々にホヤの形を変化させたのが、最初にはみな文字どおり、これを吹く人の呼吸一つだったのです。

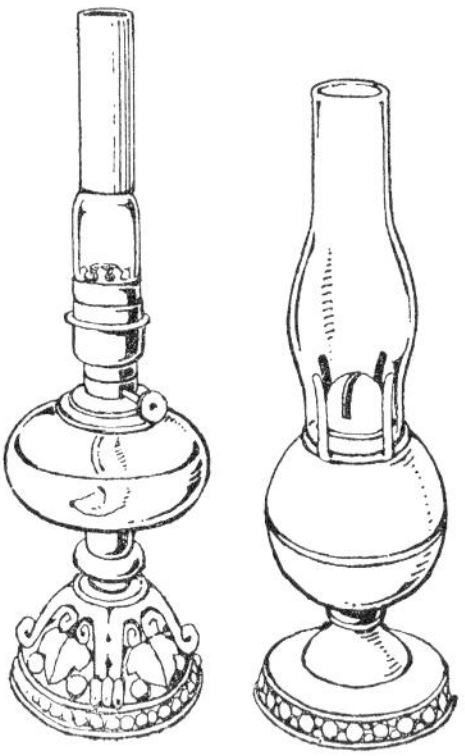

丸ボヤと竹ボヤ

　しかしそのうちに機械が手伝うようになって、竹ボヤというものが始まりました。これは日本だけで考え出したのではないようですが、上下の太さを同じにした筒型《つつがた》のホヤで、形が小さい割には火が大きく、また扱いが便利であるために、だんだんとこのホヤが好まれるようになりました。しんも初めは平たい布で作って、三分しん、五分しんなどといって、扇の形に火が燃えたものが、竹ボヤになってからは丸しんに変わって、穴のまわりにまん丸く火がともり、非常に明るくなったのがまた一つの改良でありました。

このほかにもまだいくつかの、私などの知らぬ改良もあったようですが、とにかくに石油ランプというものの入用が、もうなくなろうという時分になって、急に明るいまたきれいなのがいろいろと出てきたのでした。したがって家に電気がつくようになってからも、なおしばらくの間はこの改良したランプを使っている人もあって、一時はおもしろいくらいさまざまの変化を見せていましたが、結局はそれも大勢に抗《こう》しえず、手数もかからず費用も少なくてすむ理由から、電気がどうしても引けない離れ島や山の奥を除くほかは、もはや石油燈の姿は見られなくなりました。そうしてそのわずかな人たちのために、いつも道具を取りそろえておき、また石油を絶えず供給することが非常にむつかしい今の時代になって、時々はそのもう一つ前の燈明方法に、もどっていかねばならぬようにもなりました。

この石油ランプから電燈へ移っていく中間に、都会地だけには、さらにいま一種、ガス燈というあかりの方法が行なわれました。これは石油燈にくらべると、さらにずっと短い歴史しかもっていませんが、三府五港[8]というような大きな市街では、一時は街燈が全部このガス燈になっていて、夕方になると人夫が長いさおに火のついたものを持って、この街燈のガスに火をともしに歩き回っていました。今になって考えてみると、この最近の四、五十年間というものは、日本の夜の燈明に関するかぎり、過去は申すに及ばず、遠い将来にかけても、ちょっと想像のできないような大きな変化が、連続して起こっていたのであります。

私は大正の初めごろに、愛知県のある海岸の丘の上に登って、東海道の村々の夕方の燈火が、ちらちらとつくのをながめていたことがあります。いつになったらこの辺の農家の屋根が、全部かわらぶきになり、そうして電気がついてその下で働くことになるだろうかと、よほど遠い未来のように想像してみました。ところがたいていの世の中の改良というものが待ち遠いであるに反して、これだけは予想よりはるかに早く、実現したのでありま す。その時からわずか十七、八年の後、ふたたび同じ場所の高みから里を見ると、見えるかぎりの屋根屋根がすべてかわらぶきで、どの窓にも電気の燈があかあかとうつっていたのにはびっくりしました。国には数千年たっても少しも変わらぬものが確かにありますが、一方にはまたこれほどにも激しくえらい速力で、しかも何ぴとも気がつかずに変わっていく、燈火のようなものもあるのであります。

松のヒデ

これも東京から遠くない山麓《さんろく》の村で実験したことですが、二十四、五年の前、そこにしばらく私の滞在していたころには、もう村のたいていの家へは電燈が来ていました。それで私などよりは年の若い土地の人に聞いてみると、その人が覚えてから、農家の燈火は、石油燈の小さな変化を一つと勘定しても、すでに四たびの変遷があったということがわかりました。

すなわち電燈の前にはいろいろの石油ランプがあり、その前には種油のあんどんがあり、そのもう一つ前のものとしては、親の代から使っていたという古い燈明の道具が、まだこわれもせずに、物置のすみっこにころがっておりました。あの辺では普通これをヒデバチと呼んでいます。すりばちの形に石をほりくぼめた器に、簡単な足をつけて、そのまん中で松のヒデというものを燃やすので、最も古風な道具であります。ヒデというのは関東地方の方言で、東京の人も知っています。年経た松の木のやにの多い部分を切って細かく裂《さ》いたもので、これを五本か六本、はちの中に立てかけて燃やすのです。わざわざ石でこの器をこしらえるのは、おりおりは外からお客のある家の、見たところも考えた新しい装飾で、貧乏な家では、多くは穴のあいた古なべとか、大皿のかけらとか、すりばちのこわれたのとか、すべて火の用心のよいものの廃物利用でありました。土地によると燈台なべという言葉もありますから、なべの不用になったのを使う場合が、一般に多かったのであります。

　関西ではこの松のヒデのことを、コエ松といっております。東北ではアブラ松、浜松付近ではベタ松ともいいますが、やにがあっていくらかべたべたするからでしょう。岐阜《ぎふ》県でロウ松というのは、ろうのかわりという意味、京都付近でジンドといいますが、ジンはしんのことらしく、松のジンまたは松のツノという所もあります。珍しいのは、鹿児島《かごしま》県の広い区域でこれをツガマツということで、ツガもやはりあかしにするという意味があったらしく、またつがの木といってひのきに似た木の名なども、あるいはこの燈火のツガを取る木なので、そう呼んだのではないかと思っております。

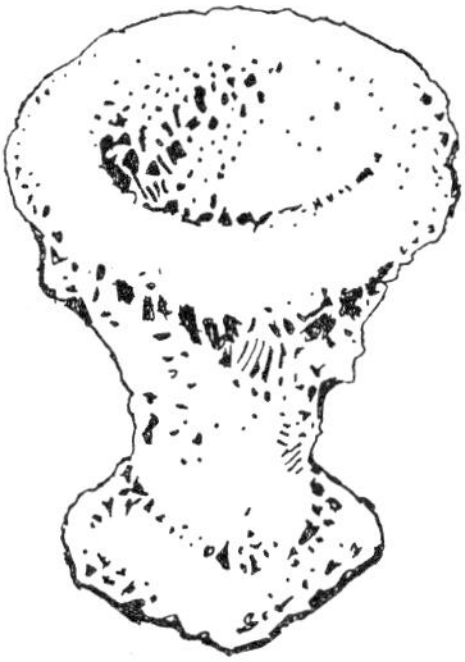

ヒデバチ

　このとおり名はいろいろであっても、ヒデすなわち油松を、細くはしみたいに割って火をともすことだけは、どこにいっても同じです。今でも夜中に田んぼやみぞの小魚を捕りに行く時に、夜とぼしと称してこれをたくことは、燈火が石油燈や電燈になってからもなお続いております。この夏は一つうんと魚をとってやろうと思う人は、春からこの松のヒデをたくさんに取って蓄えておくのです。奈良県南部などの山中の村のように、これを本式に多く使う所では、まず大きな松の木を切ったあとの根株《ねかぶ》を、三年も五年もほったらかしておきます。そうするとやにのない部分が腐って土になり、あぶらみだけが残っているのを、たんねんに掘り出して小さく割って使うのです。松取り箱といってそれをしまっておく箱があって、その中に一年中の入用を蓄えるということであります。

昔の燈火の欠点ともいえることは、始終火の管理者がなければならぬことでした。ろうそくなども、一晩中そばに人がついていてあの太いしんを切らなければ、たちまち火力が強くなってろうが溶けてしまうので、以前は座敷でも舞台でも一人のしん切り役があって、念入りにしんを切ってはそれをホクソツボに入れてふたをしました。糸しんの細いしんに変わるまでは、ろうそくはただつけっぱなしで捨てておくというわけにいかないものでした。

ヒデバチ、燈台なべにいたっては、それよりももっとわずらわしく、一晩に大きな箱一ぱいもたかねばならぬばかりでなく、だれかがつききりで後の木をたしていかないと、すぐに火が小さく暗くなってしまったのです。ろうそくにくらべるとまたたいへんな手数であります。昔の人は夜寝るのが早く、またたいていの用は、いろりの火の光でたしていたからよかったけれども、たまたまお客があって酒盛《さかも》りをするような時、または晩に家の者が土間《どま》に降りて夜なべをする時などは、どうしてもこのヒデをたかねばなりません。

農家では天気のつごうなどで、夜割りまたは夜なべといって、夜分ももみすりや稲こきをすることがあります。その時にはこのヒデ松が、たくさんに入用になります。たいてい火の番をするのは子供の役でした。いねむりをしてはしかられしかられ、片手では松を細く割って、それをあとからあとからと、あかりの暗くならぬように一生懸命にくべました。八つか九つくらいの男の子までが、親たちのいそがしい晩にはこうして働きました。しかし常の日にはそう子供は使えぬから、なるたけこの松あかしはたかぬようにし、また何か必要があってちょっとたいても、すぐに消すようにしました。ランプや電燈のように、消すのを忘れて寝るということはできませんでした。

ところがいなかにも書物を読む子供ができてくると、いろりの火では本を読みにくいので、少しずつ松の火の入用が多くなったでしょうが、昔はほたるの光や窓の雪で、書物を見たという話さえも残っております。わざわざ一人のためにヒデはともさなかったのでありります。今の子供は何の気なしに電燈を使い、ほたるや雪を集めたくらいで本が読めるだろうかと、あんどん以前の少年の生活をうそのように思うのですが、昔燈火の材料が得たく、また得られてもたいへん暗かった時には、今日の普通の活字本などは、とても楽々と読めるはずがありません。昔の本は字が大きく、人はそうたくさんは読まずにしまったからよいが、この夜の燈火の不自由の中で、多くの本を読み多くの字を書いた人は、今の人たちの想像もできぬような苦労をしたのであります。

私の聞いている話でも、昔といってもわずか八、九十年前に、奥州津軽《つがる》の学者[9]平尾《ひらお》魯《ろ》仙《せん》という人などは、珍しく多くの本を残していますが、それは皆この松の火をともして、その下で読んだり写したりしたものばかりで、そのために油煙《ゆえん》のすすでよごれてしまって、毎朝黒ねこのような顔をして起きてきたということであります。二宮金次《にのみやきんじ》郎《ろう》などもそうだったかしれませんが、こういう多くの黒ねこが、だんだんと日本国民をかしこくしてくれたのであります。もとより恵まれた境遇のもとに学問をした人もあり、中には最大のろうそくの光で書き、または昼間暇《ひま》があって明るい日光の下で書いている者もありましょうが、以前の民間の学者の著述の、少なくとも半分くらいは、ほたるの光窓の雪ではないまでも、ほとんどそれに近いわずかなあかりの下で、顔もまっ黒にしようし、目も悪くしようし、ひとかたならぬ苦労をしながら、人のために働いたのだったということを、この燈火の歴史をかえりみることによって、認めなければならぬのであります。

松燈蓋《まつとうがい》

そこで皆さんとともに考えてみたいのは、時代の変化、世の中の移り変わりというものにも二通りあって、ある一つの時を限りにはっと改まってしまうものと、いつを境ということもなしに、だれも気づかぬうちにそろそろと、古いものが新しくなるのとがあって、どちらかといえば第二のもののほうが、多いということであります。少なくともわれわれのあかりなどはこのほうでありました。たとえば都会には、電燈よりほかのものは知らず、もとはあんどんであり、またはろうそくであったことくらいを、やっと知っている人が多いのに、今でも東北地方のふるわないいなかに行くと、まだ石油ランプの恩恵すらも知らずに、あぶら松の割り裂《さ》きをたいている家も少しはあるのです。そうかと思うと一方には、昼間でも電気をつけてその下で働く人もあり、さらにその中間の石油燈や種油のあんどんを、ただ一つの夜のあかりとしている家々が、さがせばまだ少しは国の内にあるのであります。しかしだんだんと昔へさかのぼっていけば、今日は電燈の明るい光の下に夜を送る家でも、もとは一度はランプに石油をともし、あんどんの燈心の暗い火をたよりにしていた時代があり、なおいま一段と昔の世になると、どんな身分の高い方々でも、松のあかりでしんぼうなされた時代があるのであります。

日本武尊《やまとたけるのみこと》が東国の遠征からのお帰りに、甲州の酒折《さかおり》という所の仮宮《かりみや》で歌をおよみになったのは、有名な歴史であります。その時一人の翁《おきな》がおそばに侍《じ》して、松の火を持っていたと伝えられております。貴人のおそばには夜のお食事の間とか、または御用のある時とかに、この燈火を手にとる者がいて、後から後からと、その手火《たび》をたき添えていたことは、ちょうど貧しい農家の八つ九つの男の子が、夜なべの稲こきをする人のために、今でも燈台なべの火の番をしていると同じでありました。

石をほりくぼめて作ったヒデバチだの、穴のあいた古なべを燈台にするなどは、むしろ後々の新しい考案だったかもしれません。もとは二尺か三尺のたいまつをこしらえて、それに火をともしてだれかに持たせておくのだったかと思います。いずれ子供か女かが、その役をいいつけられたことでしょうが、これはろうそくのしんを切るよりも、もっと苦労な任務でありました。荒い仕事をするにはそうまでしなくとも、どこか一定の高い所に火をおいて、それが消えずにおればよかったので、もっと単純な原始的な方法の、今でも残っている所がそちこちにあります。

たとえば岩手県の二戸《にのへ》・九戸《くのへ》などという郡の山村では、普通大きないろりの内庭に近い一すみにちょうどあんどんくらいの高さの松の木の、枝の四方に出たものを打ちこんで、古なべはのせずにその上で火をたいています。松の枝が、同じ所から何本も横に出るので、その端《はし》と幹《みき》とを切りとると、そこに枝だけの皿のようなものができます。それに平たい石をのせて、その上で油松をたくのもあります。あの地方ではこれをマツトンゲァ、すなわち松燈蓋《まつとうがい》と呼んでいます。発音がやや変わっているので、中世の絵巻物《えまきもの》などに出ている宮中の結び燈蓋《とうがい》とは、まったく違うもののように思っている人が多いでしょうが、名まで一つだからまさしく一つのものであって、すなわちかつては都の上《うえ》つ方《がた》でも、油でなしに燈蓋で松のあかしを、たかれた時代があるのではないかと思います。

今でも松燈蓋を立てているような農村では、なおそのほかにいろりの片わきに、木割台《きわりだい》という堅い木のまな板のようなものを伏せて、なたが一ちょう添えてあります。これで炉のまきやたきつけもこなしますが、普通あかしの油松をたくときにも、この上で松をごく細かく割りながら、それを燈蓋の火の中へ少しずつ加えていくのです。

ところがこの木割台にはまた変わった異名《いみよう》があって、村によってはこれをコンニョウボまたはそれに近い言葉で呼んでおります。コンニョウボはすなわち小女房《こによようぼう》、小さな女の子ということでありました。にょうぼうというと今日は人の妻のことになりますが、昔は女を一般にそういいまして、今でも女の子が生まれたというところを、ニョウボの子が生まれたなどという言い方が方々のいなかにはあります。炉の番は男の子だけでなく、小さな娘にもさせたことがもとはあり、またその古い名がおかしいので、長く伝わっているのであります。今日はもうそのいわれは不明になりましたが、それでも東北出身の人がよくおぼえているわけは、寒いころ少年少女が炉の火のまわりに寄ると、よくなぞなぞというものを立てて遊び、その中には毎度この小女房が出てきたからであります。たとえば、

夜も昼もあたまたたかれるものはなあに　……………答　コンニョウボ
あたまたたきのけつ腐《くさ》れなあに　………………答　コンニョウボ

こういうたぐいのものがいくらもありました。東北地方の炉ばたの生活は、こんなはか

ない子供のたわむれからも、うかがわれるのであります。

こういう生活は、おそらく何千年も続いていたのであります。今では人が多くなり、松のヒデも自由には手にはいらず、またこればかりを燈火にしていては松山も荒れるから、他の燈火原料がはいってくれば、できるだけそのほうにかわることにしていますが、それでも注意して見ていると、たとえば京都近くのお宮でヒョウビの油をともすように、たまたまこれをまだ使っているのは、特殊の行事、神のお社などにおいて、古い慣例をできるだけ守ろうとするような場合であります。

火たき祭りといって、冬のなかばのお祭りに御神楽《みかぐら》をあげる時とか、または柴燈護摩《さいとうごま》などといって、いなかの神社の広庭で、冬の行き春の来るのをうながそうとするたき火の祭りの時などには、どんな石炭の産地でも、決して石炭は使わずにこの松の火をたきます。宮中でもおもおもしい儀式にはかがり火であり、村々の社の冬祭りも燃料はやはり松であって、両方ともにいわば二つも三つも前の燈明方法が、ここだけでは厳重に保存されているのであります。「宮もわら屋も」という古い歌がありますが、この上下の両端は、むしろある場合には非常によく似ております。遠い大昔は全国一様に、松を燈火とし、またこれを本式としていたことと、今でもまだ改良してはならぬもの、改良のできないものが残っていることとは、こんなことからでもわかってくるのであります。

屋外の燈火

海上の生活では、たき入れという漁業などに、石油やアセチレンなどの、新しい種類のあかりを使うことになっていますが、今でも村々では夜分少しずつの川魚を捕りに行くには、前にも申したように松のヒデを割ったものを、かがり火にしてたいているのでありま す。昔はもちろんこれ以外に燃料としてはありませんから、海川の魚ばかりでなく、獣を捕りに行くほんとうの狩猟《しゅりょう》でも、この松の火を使ったのであります。和歌の題に照射と書いてトモシといっていたのもこのことで、つまりは松をともして山野に分け入るので、これをトモシとよんだのであります。

日本の狩りの最も勇ましい方法の一つは、馬に乗ってこの松の火をたずさえ、夜の獣を見つけることでありました。その松の火はすなわちタイマツで、道具は右の手に持ちもしますが、いよいよ弓を射るだんになると、これを馬のくらにくくりつけた火串《ほぐし》といういまつ立てに立てて、火が消えかかるたびにそれを新しいたいまつに移すように、背中にはまた何本かを背負って行きます。林の中の獣はこの照射《ともし》の火に驚いて、ひょいとこちらを見る時に、その二つの目が光ります。それをすばやく見つけることを、「目を合わせる」と昔の猟人《かりゅうど》などはいっておりました。そしてちょうどその二つの目のまん中をねらって射るのが、彼らの技量であり、また大きな興奮でもありました。

山で修行していた一人の尊い上人《しょうにん》が、あまり猟人が鹿ばかり獲《と》って暮らすのを悲しんで、もしや自分が鹿のかわりに射られて死んだら、殺生《せっしょう》をやめるかもしれぬと思って、自身鹿の毛皮をかぶって林のかげの道に待っていると、猟人はやがてやってきて、松の火の光にうつる二つの目を見合わせ、すぐに射ようとして弓に矢をつがえましたが、どうも目の間隔が鹿とは違うと気づいて、矢をはずし馬から下りてそばへ寄って見ると、なんとそれが日ごろから、深く尊敬している僧でありました。猟人の鋭い感覚のおかげで、その僧は生命を捨てないですみましたが、それでもこの方便は効果があって、猟人はその時限り鹿をとる業をやめて、仏門にはいったという話が『宇治拾遺物語《うじしゅういものがたり》』という本の中に出ておりまます。

また『今昔物語集《こんじゃくものがたりしゅう》』にも、参考になるいくつかの話があります。たとえばいのししの年経《へ》たのが猟人をばかにして、林の中からしきりに名を呼びます。弓手《ゆんで》すなわち弓をもった左の手のほうになると、黙っていて、引き返してきてそこが右手《めて》になると声を立てて愚弄《ぐろう》しました。弟の猟人がそれを聞いて思案をめぐらし、馬のくらをさかさに置きかえて、後向きに乗ってそこを通ってみますと、いのししはだまされて右手かと思い、弓手の方で兄の名を呼んだので、さっそくその声をたよりに弓を射はなして、そのいのししを打ち取ったと出ております。照射、すなわちともしの狩りには、たいまつのほぐしは、くらの右手に結《ゆ》わえつけていたものと思われます。

以前は家の中や近まわりの用事にも、松の火よりほかにはともすものがなかったのですが、後には小さい火は松やにろうそく、またデッチとも馬鹿ろうそくともいうものを、使うようになったのは改良かと思います。このほうがたびたび取りかえずともよいので、便利だったのであります。たいまつは結わえるのが手数であり、松のヒデは五寸か六寸で、燃えたと思うとすぐ代わりを添えなければならないのに、松やにならおそらく、継いで長くすることができたのだろうと思います。『耽奇《たんき》漫録《まんろく》』[10]という本に出ている秋田地方の松やにろうそくは、長くひねって火なわの代わりにもなるとありますが、通例はまわりをささの葉できりきりと巻いた、四、五寸の太いものを、燭台《しょくだい》の上に出ている短い筒にさし、またはくぎで留めています。松やにはしまいになるとやわらかになって、次のを継ぎたすことができて、この点が松のヒデよりもつごうがよかったらしく、それでまたツイマツ（続松）という言葉が、タイマツとは関係なしに、別にできた理由もわかるように思います。

今日では、松明と書いてタイマツと呼ぶわけがわからぬようになり、辞書にはいろいろと誤った説明もありますが、松明はその文字のままに、ほんとうはマツアカシであります。タイ（ヒ）は手に持つ火のことですから、手火と書くか、または炬の字を当てるほうがよかったのですが、最初は松あかし以外には手火にする材料はなく、また松あかしの用途も手火が主になったために、松明の文字をタイ（ヒ）といっても、まちがいは起こらなかったのです。ところが後々は紙燭《しそく》に手燭《てしょく》、小とぼしやカンテラ、しまいには懐中電燈などというものさえできたように、手火の種類が多くなりましたので、ぜひともタイマツといって区別しなければならなくなったのです。物の名というものは、こういうふうに、ひとおりは歴史を知ってからでないと、その起こりを説明しうるものではありません。幸いにしてアカシまたはアカリというのは古い言葉であって、今でもまだ日本人の毎晩使うために、その語の使われ方をよく見ていけば、時代の変遷に心づくことができます。

たとえば西の方では壱岐島《いきのしま》などは、非常によく開けた島で、もう不用な松の大木も少なくなり、あぶら松をとってきてあかしにすることが、むつかしいためでしょう、今はこの島ではアカシというのが、松の小枝や枯れ枝のことになっています。そうして木からその小枝をかき落すかぎを、アカシカギといい、山にこれを持って取りに行くことを、アカシカギに行くといって、もうこれが前代の燈火用であったことを忘れ、アカシというとただ小さな柴《しば》のたきつけにでもなるもののことになっています。あるいはもとは炉の火を屋内のただ一つのアカリとし、何か外に用があると、手当たりしだいにそこに燃えている一本の木を持ち出したのが、アカシであったのかもしれません。そういう中から特によく燃えるものを残しておき、またはじょうずに束《たば》にして手火用に用意したのが、未来のために計画した私たちの心のはたらきであり、同時にまたたいまつの初めでもあったろうかと思います。

火の番と火事

手火《たい》またはたいまつという火の持ち運びが考え出されますと、その火をどうしてともすかということが、大きな問題になります。今日ならマッチという簡単な発火方法があって、それさえふところにはいっておれば、まだ日のあるうちに家を出ても安心ですが、以前は昼間から山へ行く時でも、家からたいまつの火をつけて行く必要が、しばしばありました。家続きの里中を歩いて行く場合ならば、立ち寄って火をもらうということもできますが、家の後ろがすぐ山になっていて、そこへ登って夜の仕事をするという際には、明るいうちから火を用意しなければなりません。それゆえに火の昔を明らかにするには、単に燃料や火の利用ばかりでなしに、火の製作ということから考えてかからねばなりません。

それをこの次の章からくわしく述べてみるつもりですが、その前にちょっと言っておきたいのは、外のあかりの根源は、このたいまつであったということであります。人が簡単に火を作ることのできなかった時代には、家というものが最も有力な火の中心でありました。どんなうす暗い小さな家の火でも、それから分かれて出なければ、やみ夜を照らす光というものはなかったのです。小説や芝居でも、または皆さんの記憶にあるおとぎ話でも、夜道に迷ってなんぎをするということがよくでてきます。日が暮れかかって道を急いだが、とうとうまっ暗になってしまったという話が毎度くり返されました。はるか向こうの方にたった一つ、ちらちらと火が見える。やれうれしや天の助けと、いそいそとそこに行ってみたら、婆《ばあ》さんがひとり火をたいていたなどというのも、珍しい例ではありません。そういう昔話の人たちは、どれも皆わが家の火からは遠く離れ、しかもマッチもなく、火打ち石も少なく、まして火なわというような重宝《ちょうほう》なものも知らぬ世に住んでいたので、たとえそこらの草木をたいまつにくくっても、これに火をつける手づるというものを、まるで持たなかったのであります。

都会で人の集合が始まりだして、屋外にあかりの入用が予期されると、まずその新しい中心を考えるようになりました。都でいうならば、「[11]御垣守衛士《みかきもりえじ》のたく火」という古い歌もあるように、御所の御門の番人が火をたきました。『太平記』のころになると、京都の町の辻《つじ》には四十八所のかがり屋を置いたともあって、そこに番兵が交替で火をまもると同時に、市内巡察《じゅんさつ》の役目もしたので、その番兵たちが持って歩いたたいまつの火は、すなわちかがり屋の火から分かれていたのでした。江戸は新しく開けた町だから、常設の辻番があっても、そこから火を分けてもらう必要はなく、人は手に手に自分のちょうちんをともして出歩きましたが、それでもその辻番小屋の片わきには、必ず一つの火焼屋《ひたきや》があって、魚燈《ぎょとう》の油か何かをたいた常燈をつけて、往来の道しるべにしていました。そうしてよそから来た者も、たいていはここで道を尋ねたのであります。夜中に無ちょうちんで歩くということが法度《はっと》で、それをとがめるのもまた辻番の一つの役目であったといいます。すなわち火は、本来は各人の自由でなく、これを支配する大きな統一があったので、だれでもマッチを持ち、どこでもたばこがのめる今日とは、よほどまた事情が違っておりました。

この統一が少しくずれだすと、大きな都会はしきりに火災に見まわれました。火の番はふたたび巡警を始めましたが、通ったあとから火が出て、見つけてやっと消すのが火消しの役になりました。城下はむしろ火の光が少なくて、夜がまっ暗なのが、平和の姿のようにも考えられました。もちろんこれが戦争となると、事情はまったく別であります。陣屋《じんや》のまわりには、数多くのかがり火をたき、それにたくさんの兵卒が起きて番をします。しのびの夜討ちでもかける時のほかは、昔の戦場は火事場のように明るく、また時としてはわざと家々を焼いて、明るくしたという話もあります。軍略上の放火には、いつもたいまつを使っておりました。盆の柱松《はしらまつ》行事にともなう投げたいまつの競技なども、あるいは一種の武芸だったかもしれません。車だいまつと名づけて、たいまつを十文字に組み合わせ、その三方の端に火をつけて、ふりまわしたという話もあります。または退陣の際、敵をあざむくために、捨てかがりといって大きな火をたいて、行ってしまうこともありました。これだけがはじめて番人のつかない火でありました。

ところが世の中が進みますと、おいおいに番人のない火が生まれ、またはだれの火だかわからぬ火さえできてきました。もとは主のない火といえばまずおばけでした。火を防ぐ方法がいろいろと完備して、番するに及ばぬ火が多くなったのです。農村では灰小屋などといって、肥料を作るためにちりあくたを夜焼くのに、土壁を十分に厚くして番人は置きません。あんどんの燈火を一すじにしておけば、消さずに眠ってしまってもよいことになりましたが、もとは火が燃えているということは、人が起きているというのと同じ言葉だったのです。火の用心はすなわち火を消すということでありました。

火を消さずにおく習慣は、もちろん都会のほうが初めでありました。電気はつけっぱなしにしてもたいていは大丈夫というのが、この安全感の起こりのようにいう人もありましょうが、それは大まちがいで、いちばんあぶない石油ランプのころから、もう番をせぬ火は始まっており、それがまた多くの大火事の種でもありました。これを考えると私たちの消防の技術は、どのくらい進んだものかわかりません。そばに番人はいなくても夜通し赤々と光っている燈火は、町には際限もなく多くなりました。そのために夜行く人の姿が美しく、したがって夏のきものがはでになり、音楽はもう家の中のものでないようになったのみか、海からながめても丘から見おろしても、夜の都会のはなやかさは、まったく浄土のような魅力でありました。こんなにしていても火の心配は、昔よりはずっと少なくなったのは、確かに人の知恵、学問の力ということができるのであります。あの戦争中のような燈火管制の世には、暗やみの不安は、昔のように家々の統一があったときよりも、かえって強かったものでした。

歴史をふり返って考えてみますと、火は結局は番人のいるものであり、家と火との関係はいつの世になっても、切り離すことのできぬものではなかったかと思われます。家が火の中心であり、火の管理者が主婦であった時代を、もう一度見直す必要もここにあるのです。

火をたいせつにする人

日本人が最初に燃料として多く使っていた植物が、何の木だったろうかということは、まだ問題なのであります。ヒノキが火の木であることは、たいていだれでも想像することですが、それがふしぎに現在は火との縁が薄くなっています。これに反してマツはもと火と同じ語だろうという私の考えは、まだ十分に証明されていないにもかかわらず、今なおこのとおり火との関係が深いのであります。これはおそらくひのきの用いられたのが主として発火法としてであって、それが後世簡便な火打ち石・火打ち金などに代わると、他にもたいせつな入用の多い木だから、ただの薪《たきぎ》には切らないようになったためでありましょう。実際に松の木のほうは、火きりぎね・火きりうすに使われた例もないようですが、これで火をたいたのはいたって古いことで、あるいは役目が二つ別々であったかもしれません。

沖縄《おきなわ》の島では、火がオマツだということは前にも言いましたが、もっと精確にいうと、現在では火種のおきのことが、向こうの発音でウマチなのであります。すなわち一方のひのきは火を作り出す木であり、こちらはその作られた火を保存し、または継ぎたすほうに利用されたので、マツの木であったとも考えられるのであります。それと思い合わされることは、鹿児島県では一帯に近いころまで、台所で働く女の名を、オマツまたはマツ女といっていました。女中にお松という名をつけることは、九州南端に限らず、上方辺《かみがたへん》にもその例があります。

皆さんには少し珍しすぎる話かもしれませんが、もともとわが国には、今みたような女の名前はなかったのです。あるいはあるにしても人が知りませんでした。知って呼ばれたらもうその人に支配せられ、たいへんなことになるという俗信《ぞくしん》があったからであります。それで大娘《おおいらつめ》とか仲《なか》つ子《こ》とか三の宮とか、または茶々《ちゃちゃ》とか、ねねとかいう、だれにも通用する名で呼ばれ、身分のある人ならば別に称号を設け、もしくはわざと読みにくい名をつけてしまっておき、だれもこれを口にせぬことにしておりました。しかし朝晩人に使われる女だけは、名を呼ばずにはいられません。それで女中には早くから名があり、古風な家ではこのごろまでも、本名をやめてその家の通り名を呼びました。お末というのは末すなわち台所で働くから、おなべというのはなべを持つ役だから、おさんどんというのは、なんだかむつかしい字を書きますが、もとは「おさめ」ともいいましたから、道具を始末するということらしく、およそもおよしもともに用をする人ということであったようです。鹿児島ではマツ女のほかにいま一つ、エダというのが女中の名で、よく何々家のエダさんと呼んでいます。これなどはどう考えても意味が取れませんが、ともかくも家の勝手で立ち働く人だけには呼び名があって、それはたいていその仕事を表わしていますから、おまつは少なくとも火の管理ということに、関係があったものと見てよいかと思います。しかも昔の火をきり出す技術の困難であった時代には、これを守って消さぬようにすることは、かなり重い任務でもあったのであります。

これは私一人の想像で、まちがっているかもしれませんが、日本では昔は火を作りだす役と、できた火を大事に管理する役目とが、男と女との分業になっていたのではないかと思います。ところが火打ち石を打って火を出す方法が、案外手軽に広まったために、もはや男の力をわずらわすまでもなく、ちょうどひのきが不用になったと同じに、おまつの仕事ばかりが、長く続いたのであります。日本の昔話には、いたって心がけのよい若い女が、大年《おおとし》の晩に火を消して困っていたところへ、ちょうどたいまつをともして棺桶《かんおけ》をかついだ人が門前を通る。その棺桶を預かる約束で火を分けてもらい、やっと正月を迎えてから行って見ると、死骸《しがい》かと思ったのが、桶いっぱいの黄金であったという話があります。

それほどにも火はたいせつなものという教えだったかと思いますが、消えたら何度でも火を打ち出せる火打ち石が、女の手もとにあるようになってからでも、なお彼女らはいったん作られた火を絶やさぬように、その清浄《しょうじょう》を保つように、深い注意と苦心を続けていました。これはおそらく古い昔、まだ簡単には火の種が得られなかった時からの、年久しいつつしみが、なお伝わっているのかと思います。男はこれにくらべるともうすっかり気楽になって、いつでもどこにでも火はあるものと思い、いっさいの管理を女性に委《ゆだ》ねようとしていたのであります。家と火との関係を、まずあなたがたが考えてみなければならぬ理由はここにあります。

世界人類の火の歴史をたずねてみると、いかなる未開人でも、今日はもはや火を利用せぬ者がないといってもよいのですが、なおその中には、自分で火を作る技術を知らず、ただ現在あるものを後生大事《ごしょうだいじ》に保存しているだけという者が、相応にあるということであります。彼らの火の起原は神話でありますが、それでもくわしく調べたら、どうして手に入れた火かわかってくると思います。隣に住む異種族からもらったとか、または前には作り方を知っていたのが忘れられたとか、あるいは遠い所から、天然の火、たとえば火山の火を持ってきたとか、または雷火に燃えている木の枝を、神のおさずけとしていただいたものもあるかと思います。いずれにしたところが、消えたら自分たちの力で作ることができぬので、したがってその管理をした「まつ女」たちの役目は、たとえようもなく厳重な、かしこくつつしみ深い女性でないと、つとまらぬものであったことがわかるのであります。

しかし幸いなことには昔から、人は一軒きり離れ離れには家を建てず、どんな片いなかでも五戸七戸、近所というものをたいてい持っていました。一度にすべての家の火が消えてしまうことは、洪水《こうずい》か何かの時でないとありません。いつでも隣の家に行けばもらってこられるので、都会地の長屋住居などでは、むしろ用心のために火を消しておいて、たびたび、どうか火種を一つと無心にくるのが、マッチのできるまでの普通の状態でした。いなかにもこの火もらいということは、長く続いていました。家に火道具はちゃんとあるのに、火打ちをかちかち鳴らすと消したなといわれるのがつらいので、前かけの下にかけた茶わんなどを隠して、裏口から隣の家へ走って行く若い嫁もありました。しかしそういうのは女の恥、ことにどこの家からでも火をもらうというのは不謹慎《ふきんしん》なこととしてありました。よくよくやむを得ぬ必要の起こった場合に、互いに火を分け合う家は先祖からきめられていて、それを火取隣《ひとりどなり》といい、その家は特別に親しくつき合っておりました。これがおそらくは遠い昔、まだ簡単に火を作ることのできなかった時代からの、習わしであったろうと思います。

火を作る法

天然の火の保存ということは、今の人の思うほどあり得ないことではありません。火山の噴火はめったに出会われないにしても、落雷は土地によってずいぶんと多く、高い樹木が多ければそれが焼けて、長い間燃えております。今まで生で食べていた食物がその火に焼かれて、おいしくなるという経験もできないことはありません。マレー半島などの深いジャングルの中では、大あらしの日に植物がこすれ合って、火を出すことがしばしばありました。そういう植物では竹類が、最も多く山火事になりやすかったそうですが、それはたぶん割れてかどが多くなり、またささの葉が枯れるとすぐ燃えるからだろうと思います。日本では聞いたこともありませんが、土人はその火を持ってきただけでなく、竹を摩擦して火を出すことも、これから学んだろうという人があります。

世界の発火法の最も原始的なものを集めて見ると、石金をたたき合わすものはやや進んでいるから別にして、植物をすり合わせて火を出すのに、およそ三通りの種類があるといいます。一つは火鋸《のこ》、第二にはポンプ型、この二つはわが国にはなかったようです。いずれも何百回となく同じ運動を続けているうちに、道具が熱くなってしだいにそばの物に燃えつくのですが、のこぎりのほうが早くのこくずができるから、いくぶんか発火が容易であったかもしれません。ともかくもこれにはいくらかの考察と実験とが加わっていて、最初のままの、ただの天然のまねでなかったことは、二つとも同じであります。最初はたぶん非常な勇気と努力とで、なんとかしてあのとおりの火を得ようとして、むだな努力をくり返していたと思います。それがやっとここまでこぎつけて、あきて中止さえしなければ、しまいには必ず成功するという確信が得られたのですが、それでもけっして簡単な仕事ではないので、むしろいったん作った火を大事に守って、育てまたは長持ちさせることに、大きな力をかたむけたのであります。

日本に古くから行なわれていた第三種の発火法、すなわち火錐《ひきり》型とも名づけられるものは、前の二つにくらべるとまた一段の改良かと思われます。これとてもアフリカの内陸その他、方々に現にこれを用いている者があります。普通はよくかわいた比較的やわらかな木の厚板の上に、ひのきなどの先のとがった棒をあてて、強くもむのであります。この棒にひもをまきつけて、別の人に双方から引かせる方法もあるようですが、わが国のは、一人で手のひらを合わせてもみます。

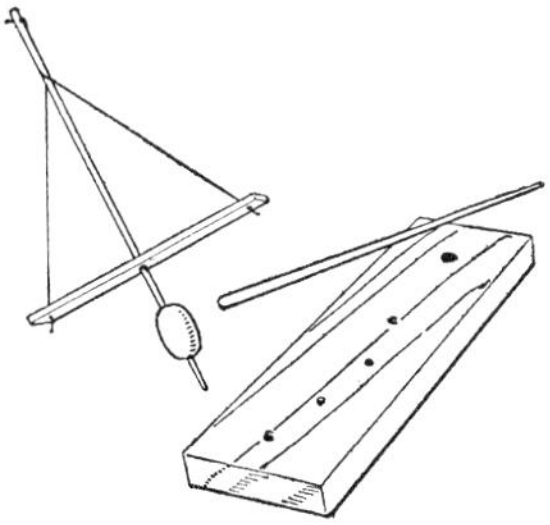
火きりぎね

出雲《いずも》の大社その他の尊い多くのお社の祭りで、新しいいろいろな発火法が考え出されている今日まで、なお必ずこの手続きで作り出した火でなければ、神の供物《くもつ》を調理し、またお燈明にともすこともできぬものとして、今も毎年この古い方式をくり返しておられるのは、深い意味のあることのように、私たちには感じられます。すなわち正しくけがれなく、少しでも心に弱みのない人だけが、こうして神さまの清い火をもみ出し得るという、古来の信仰はまだ残っているので、それを試み確かめた後でないと、安心して祭りにお仕え申すことはできぬように思っている人が、多いのであろうと思います。単なる古風なしぐさの記憶または保存と見ることは、誤りのようであります。

もちろん新しい火の清く美しいことは、一般に認められておりました。古い火は物に触れてけがれやすく、どんなに気をつけて保管していても、いつの間にか神さまには上げられない火になってしまうことを、日本人は非常に恐れていたのであります。この点などが外国とはまるで違うところで、私たちはもとの火がちゃんと燃え続けているのに、わざわざそれを消して「火をあらためる」ということをたびたびしました。ところが長い年月の間には、木のきね・うすで火をきりだす最初の発火法を覚えていない土地が少しずつ増してきて、けがれを清めるのにひとかたならぬ苦労をしました。遠くのお社まで火を分けていただきに行き、たいまつにつけて帰ってくるというような必要も、しばしばあったことと思います。操作のこれよりもはるかに簡単な火打ち石の利用法が、いったん民間に知れてくると、えらい勢いでそれが普及し、また次々の改良の加わったのも当然なことで、これはたしかに一つの進歩でありました。古い歴史では日本武尊《やまとたけるのみこと》の東夷《とうい》御征伐《ごせいばつ》に、伊勢の叔母君《おばぎみ》から火打ちを取りだして、草原をお焼きなされたことが見えておりますが、これは伊勢の叔母君からの特別の贈り物で、当時まだ一般には知られなかったのかと考えられます。古いといっても、一方の火切りぎねとともに始まったものとは思われません。あるいは大陸からでも伝わったようにいう人があるかもしれませんが、ともかくも材料はこちらに多く、またいろいろの改良もこちらでしているのです。実験もまた、私たちの祖先がしたものにちがいありません。

はじめて石からも火が出るということを人が知ったのは、少なくとも木の摩擦とは別の時でありました。石屋が鉄ののみで石をきるときに、火花が散ることはだれでも気がつきますが、火打ちがそういうことを見てから後に、すなわちすでに鉄の道具を使いだしてから後に、それを学んだかどうかは問題であります。大きな石を打ち合わせてくだくときにも、まれには火が飛ぶことがあり、また以前にはそうして石を割っていく場合が、多かったのであります。火打ちまたはかど石を産する山は、日本にはどこにもあり、その中には今でさえ鉄物《かなもの》に不自由をしている村があるのであります。ですから私などは、まだ火打ち金というもののなかったころから、もう二つのかど石を打ち合わせて、それから飛び散るものを燃える火にする方法が知られていたのであろうと思っております。

しかしそういうことをして火を取るのは、とがったひのきのきりをもむにもおとらぬほどの苦労で、また失敗も多かったことは確かです。火打ち石はどんなにあっても、その利用の一般に行き渡ったのは、どうしても鉄の火打ち金の、手に入りやすくなってから後でなければなりません。日本武尊《やまとたけるのみこと》のお使いなされたのも、『古事記《こじき》』には火打とあり、『日本《にほん》書紀《しょき》』には燧《ひうち》とありますが、これだけが鉄の火打ち金であったから、早く効果があったものかと思います。もとはそういうものが得にくかったので、なんでもありあわせの金属の片はしを、かどのある石で打っていたのかもしれませんが、かじ屋が村々にはいってくるようになり、なべでもくわ・かまでも自由に作れるころには、その火打ち金もほぼ形がきまったのであります。普通は手ごろの木片に、わずかの鉄をかすがいのように打ちこみ、それを右の手に持って石のかどを打つと、すぐにひざの前に火花が落ちました。あるいは火打ちがまなどといって、鉄を三日月の形にきたえ上げ、それを装飾用に大きく作ったのも残っています。旅をする人には袋に入れて腰に下げられるように、小さく手ぎわよくこしらえたのもあって、こういうのが三つか四つ、どこの家にもころがっていたのですが、もうその回収もひととおりすんだから、絵でもなければ見られなくなったでしょう。

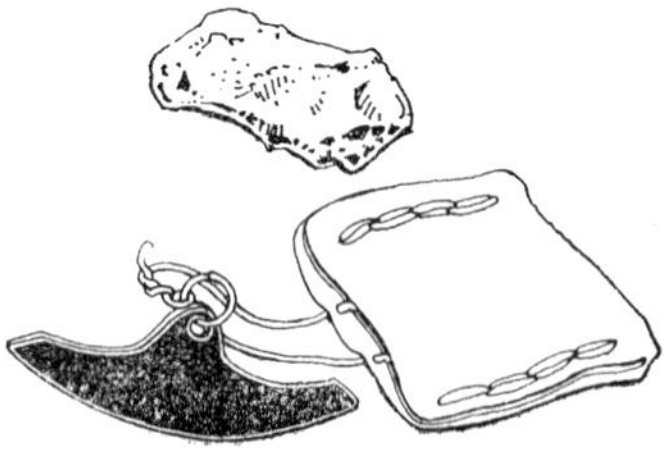

火打ち道具

注意すべきことには、女が火の保管の全部をつかさどるようになってからでも、新しく火を作る火打ち石・火打ち金だけは、きまった場所に置いて主人が監督している家がありました。そうでなければ別に神さま用の火打ち箱があって、そればかりは女に手をつけさせぬようにしていました。そうして何か火をあらためる必要が起こった時には、これによって新たに火を切りだしたのであります。そのなごりは今も形だけは残り、普通の火で調理した神さまへのお供え物でも、その上でかちかちと火を打ち火花が飛べば、それで清い火を用いたのと同じになり、兵士や学生が家を立って行く時にも、その者の頭の上で火打ちの火を切って、それでけがれはなくなったものとして安心して発足《ほっそく》させました。しかし火きりぎね・火きりうすとは違って毎日気軽に使うものであるために、あるいは石金そのものには、けがれがつくかもしれぬという心配を、古い人たちは持っていたようです。それに対しては十分用心をしていましたが、もしも意外な原因があって、けがれがはいっているいることを後から気づきますと、もとは村中の火打ち金をとり集めて、かじ屋に渡して打ち直させることにしていたそうであります。打ち直すといってもただ鉄床《かなどこ》の上にのせて、つちで数回たたくくらいだったでしょうが、器を新しくすれば、火の根源はあらたまるものと信じていたことだけは、大昔からの習わしのままでありました。つまりは、火は霊界《れいかい》から発するものという考え方が、マッチやライターの時代のすぐ前までは続いていたのであります。

ほくちおよびたきつけ

はじめて火打ち石の利用を試みた人たちが、まず考えずにいられなかったことは、どうすればこの火をつかまえて、だんだんと育てて燃える火にすることができるかということであったろうと思います。今までのきりもみ式の発火法では、うすともきねともいったくらいで、板の表面に丸い穴がすぐにあきました。それだけの部分が摩擦《まさつ》によって粉になり、まわりにたまっているのですから、それが熱を引いてぶすぶすといぶりだします。ところが石の火はそれこそ電光石火《でんこうせっか》で、たちまち空中に散って消えてしまいます。それを何とかしてとりとめなければ、せっかくかちかちと打ち出したかいがありません。このためにホクチ（火口）というものを考え出したのは、まったくこのうすの穴にたまる、木の細かなくずを知っていて、何かあれに似よったものをと、さがしまわっていたためかとも思われます。

ホクチのない所は全国どこにもありませんでしたが、その材料は実に土地ごとにというほどにも違っていました。いちばん多いのは枯れ木の朽ちてぼろぼろになったもの、それには山桜がよいとかなんの木がよいとか、人々の経験によって一定しません。あるいはきりなどのような軽い木を消し炭に焼いて、粉にして使うのもありましたが、これは手数がかかりすぎて多量には作れません。東北地方には、さるのこしかけの類の大きなきのこをよくかわかして、くだいてためてホクチに使うこともありました。それよりももっと変わっているのは、京都付近の古いお社で、祭の日の清浄《しょうじょう》な火を作る材料に、奉書《ほうしょ》という紙をよくもんでこれを火口《ほくち》とし、その上へ火打ちの火をきりかけてたきつけへ移す例があって、これは現在までもなお続けております。こうすれば少しのけがれもない火の生まれることは確かですが、普通の家ではとてもそのまねはできません。それに家々でこれを手製することは、よほどのひまがないと望まれぬことなので、火打ち石・火打ち金が民間にゆき渡るとまもなく、ホクチは商品になってしまいました。

　商品として製造することになれば、うんといっぺんに作らなければなりません。それには各地思い思いの今までの原料は適しませんでした。商品のホクチには、すすきの枯《か》れ穂《ほ》、またはパンヤともいうかがみの綿も使いましたが、最も多かったのは、かまという草の穂のよくかわいたものであります。これをそのままで白ホクチとしても売ったようですが、多くは火つきのよいように木炭の粉を少しまぜ、またただの体裁のために墨の液に浸して干し、ホクチは総体に黒いものとなっていました。

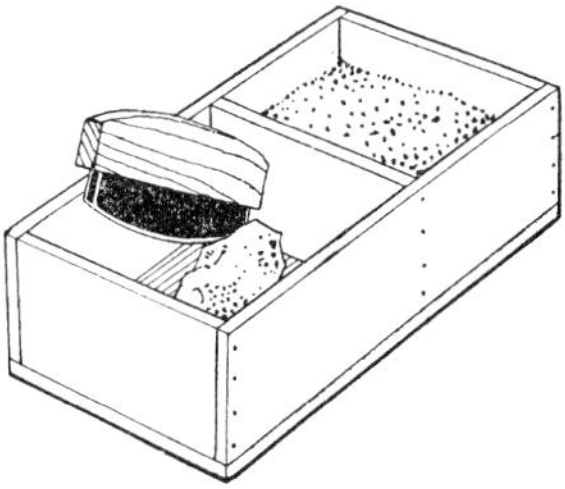
火打ち箱

　火打ち石はただに火打ち金というお相手を必要としただけでなく、さらになおホクチの発明によって、はじめて人間の実用に供して、便利至極《しごく》のものとなったのであります。家々には必ず火打ち箱という木の箱が二つ以上ありました。箱はその中を二つにしきって、一方には、

かど石と火打ち金、他の一方のやや大きな区画には、ホクチがいっぱい入れてありました。有名な[12]大田《おおた》蜀山人《しょくさんじん》の狂歌に、

火打ち箱ふた明け方に鳴きつれて
鴻雁《こうがん》なんぞほくちよりきたる

というのがありました。これを聞いて江戸人の大半は笑いかつ喝采《かっさい》しましたが、皆さんはたぶん笑うことができないでしょう。これは『唐詩選《とうしせん》』というあのころに流行した詩集の中のだれでもよく知っていた一句、「鴻雁那従二北地一来《こうがんなんぞほくちよりきたる》」というのが、もう忘れられているためもありますが、それよりも大きな原因は、火打ち箱と、それにはいっているホクチというものとに、今はまったく御縁のない人間ばかりが多く、以前はまたこれほど親しいものはなかったからであります。家々の主婦またはおさんどんは、江戸でもいなかでも、朝早く起き出すとまずこの火打ち箱に手をかけました。そうしてかちかちと一方のホクチの中へ、火打ちの石の火を切り入れるのが毎日の役でありました。寝ぼけさえしなければ、たいていは一度か二度で火花がホクチに移ります。そうして火きりうすの木の粉末よりやや早く、それでも相応なゆるいテンポで、じりじりと燃えていきます。それをすばやく手に取って、次の燃料へたきつけるのです。

前にはこれがまたなかなか簡単とはいえない作業でした。その点でも人はいろいろと工《く》夫《ふう》を重ねて、近世になるとよほど手軽に、火を燃やすことができるようになったので、ここにも大きな変遷があり、それが確かにまた改良でありました。今その移り変わりのおおよそを述べますのに、順序としてまず改良以前、どのくらい家々の女の人が、苦労をしていたかを話してみなければなりません。

関東地方の村々では、今でもいろりやかまどの下に火を燃やし始めることを、フッタケルといっております。タケルはたきつける行為をいうのに違いありませんが、フッというのがもうわかりにくくなりました。現在はもはや吹く必要がさしてないからであります。しかしホクチはただそのままにしていたのでは、燃える火にはならぬにきまっています。それを枯れ松葉その他の木の葉のよくかわいたの、こまかな芝草《しばくさ》のたぐい、農村でならばわらのはかまのような、何か燃えやすいものの上にのせて、せっせと吹いているとしまいには炎があがり、それからいくらでも大きな火になるのです。ただそのためには、ちりが立ち灰《はい》が飛んで、女たちの髪の毛がたまらなかったのであります。女が頭に手ぬぐいをかぶるということは、決してこれを防ぐのが目的ではありませんが、これがあるので、幸いに灰だらけになることをのがれました。

それからまたいろいろと、そんなに吹かなくとも燃え立つ方法を、考え出したのであります。火《ひ》吹竹《ふきだけ》もその一つであり、または松やにを細くひねったのや、あぶら松を細かく割ったのなど、少しでも早く火のともるのを使おうとしたことと思います。大工がかんなというもので木の表面をけずるようになったのは、いなかはそう古いころのことではありませんが、これが始まるとそのかんなくずが、ことにこういう目的には適しておりました。しかしかんなくずなどは、そういつでもあるものではありません。それよりももっと手にはいりやすかったのは、竹細工《たけざいく》の竹くずでありました。国の人口が日増しに多くなり、行ったり来たりがはげしくなりますと、籠《かご》類の入用が盛んになるのは当然で、しかもその大部分は家々の手製でしたから、そのくずはいつもたまります。桶屋《おけや》という者が割竹をたがにして桶を結《ゆ》うようになったのも近世のことで、その前はふじづるであり、また一つ前はひのきの薄い板を火でまげたまげ物を、さくらの木の皮でとじていました。桶のたがの竹は、細く割りていねいにけずりますから、ことにたきつけに適したくずがたくさんにできたばかりでなく、ほかの木ではそういうことはできないが、竹はそこらにいくらでもはえているので、いよいよたきつけによいとわかれば、切ってきてこれをくずにすることもできます。

太い細工用の竹は成長せぬ寒地でも、山の地竹《じだけ》をとってくだいて使うことは、なんでもありません。中味は脂肪《しぼう》があって、見かけによらずよく燃えるものでした。

太平洋に面した各府県でつけ木といっていたものを、日本海側では、九州から北は奥羽まで、ツケダケというのがまず普通であります。これをたきつけのひっくり返しのように、またはフッタケルのタケのように思っている人もありましょうが、実はこの方面はことに竹を多く利用していたので、その名が生まれたもののようであります。つけ木というのもこれと同じように、火をつけるのに使う木というだけで、最初はただ、すでに燃えている火を、ほかへ移すために使っていたのかもしれませんが、ホクチで新しく火を燃やす場合にも、こういう中には便利なものが多かったので、これをどちらの名にしてもよかったのであリましょう。実際またいおうつけ木の発明される前までは、つけ木・つけ竹もただただきつけの中の、特に燃えやすい一片というに過ぎなかったのであります。

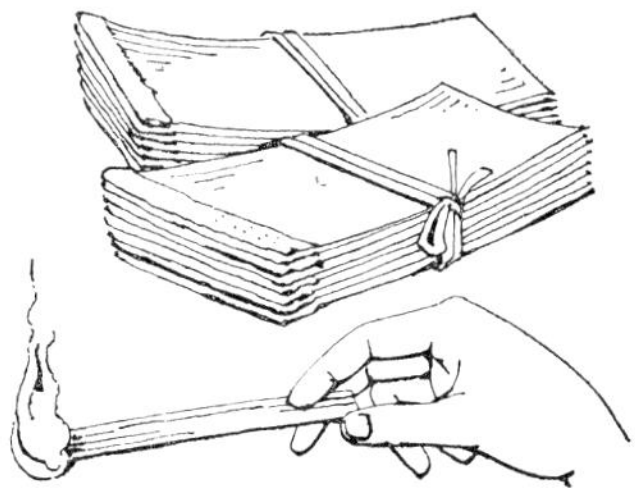

つけ木

いおうつけ木と火吹竹

火打ちの発明のように、古くまた世界的ではありませんが、つけ木の頭にいおうの溶液《ようえき》をぬったというだけの思いつきも、重要さでは、決してこれに負けません。一方が新しく火を作る男子の時間を節約したと同じように、このほうは火を管理する女性の辛苦《しんく》を救いました。もとより火打ち石がなかったらこの考えも起こらず、またホクチがあったればこそいおうつけ木のありがたみも現われたのですが、ホクチが先発の前進隊だとすれば、このほうが後続の本隊のようなもので、これがあってはじめて、石の火の効果は完全になったのであります。それがまだ、どんなかしこい人が考えたのか、わかっていないのは遺憾《いかん》なことといわなければなりません。

こういうものはなんでも支那から来たろうといえば、たいていの人は承知しますが、それは決してまだ確実でありません。支那にもいおうはありますが、非常に遠くから運ばれるものであり、これに反して、日本にはいおうの山がいたるところにあり、その産量も多くまた採取が容易でした。あるいは向こうからわが国へ買いにきて、それを何にするかと尋ねたのが初めではないかと思います。つけ木の小さな簡単なものをそろえて、それにいおうをつけて方々へ分配しただけは、少なくとも私たちの先祖の働きであって、少しでもこれに他民族の助けは借りておりません。

はじめてこのつけ木を使うことのできた人たちの感謝は、想像に余りがあります。うつむいて火を吹くという苦労がまったくなくなって、むしろあの薬品の変な煙を吸わないように、息をとめている必要をさえ生じました。火吹竹なども利口な発明だったということができますが、これはほとんど入用がなくなって、どうして今まで残っているかを、考えなければならぬほどであります。これも今日はマッチの世になって、もう見た人も少なかろうと思いますから、後のためにはっきりと書いておきますが、このいおうのつけ木ができてから後というものは、もう吹くことは全然無用になったのであります。豆ほどのホクチでも火がついておりさえすれば、それへいおうをあてるとすぐ青い火が燃えて、少し待っているうちにだんだんと明るくなり、吹くのはかえって消すことになったのです。以前は箱いっぱいのホクチへひうちの火を切り入れて、それだけは使ってしまうのを覚悟していましたが、こうなると急いで火のついた部分をむしり取って、何度でも一箱のホクチを利用することができました。

ホクチは古来の日本の商品の最も安いもので、燈心やもぐさなどにくらべてもなおはるかに安く、たった一文の穴あき銭でも買うことができましたが、それでもなおお銭を出して買う品であるため、われわれの先祖たちはこれを粗末にすることをきらいました。損得の問題よりも、むしろこれが新しい金銭経済に対する態度であり、銭を使うのが少なくてすむということは、一種の勝利のような感じでありました。それがいおうのついたつけ木のために、いくらでも倹約できるから倹約したので、近ごろの若い人たちの数学の頭では、なんだかおかしくも見えてきたのであります。こういう世の中の変わり目、古い考えと新しい見方との違いは、何度もこの前後にはありましたが、結局は若い人がだんだんと多くなりまた若くもなくなるので、古い考え方はいよいよわかりにくくなるのです。注意して見なければならぬ点だと思います。

いおうのつけ木なども、金を払って買うということが新しいことなので、一把《わ》何厘《りん》というほどの安いものでしたが、なおしばらくの間は、これを使うまいとした人がありました。どうしても使わずにいられなくなってからも、一枚のつけ木を二つに折り、四つに折り、細いものにして火をつけるのが普通で、めったに一枚を一回に使う人はなく、そういうことをする嫁《よめ》や娘は、たちまち村中の問題になりました。

関西の方では、このいおうをぬったつけ木だけを、イオンといっておりました。イオンはもちろんいおうのなまりで、すなわちいおうつけ木の略語であります。三重県などでは、私たちのいうマッチのことを、カラヨという人がもとはありました。これも「唐のいおう」であって、すなわち新しいから同じ仲間と見たのであります。鳥取県の方ではまた、いおうつけ木のことを、タテヨまたはタッチョウともいっていました。どうして立つといったのかその心持ちはわかりませんが、あるいはただのつけ木は木竹のくずであって、このように一枚一枚形のととのったものでなかったからかとも思います。とにかく上方《かみがた》方面のイオンまたはタテヨは、初めから幅の細いものでありました。私なども東京へ出てきてはじめて、幅の二寸以上もある堂々たるつけ木を見つけたのであります。奥羽地方に行くとマサツケギといって、もっとていねいにけずった大きなつけ木があったと聞いております。一つは材料が豊富だったからでもありましょうが、それよりもむしろ常の日にはあまりこれを用いず、主として来客でもあるようなあらたまった日だけに持ち出されたので、つまりは昔の半紙が上等品であったのと同じに、いわば実用以外の一種晴れのもののような感じが、まだ抜けずにいたのかと思います。

　これと関係してなお思い出されることは、日本人の社交はもとは品物の交換を中心としておりました。葬式《そうしき》その他の特別の場合を除いて、物を贈《おく》られるとぜひともその入れ物の中へ、何かおうつりを入れて返さなければならぬことは、今でもまだ守られている作法であります。彼岸《ひがん》にぼたもちのやり取りをしたり、または赤飯の重箱の片すみだけ残して返したり、最初は同じ品物でもかまわなかったようですが、後にはどうしても別の品、それも金銭で買ったものを入れて、こちらでも少しの心づかいをしているということを、示さなければならぬことになりました。これに用いられるのは今でも半紙一枚、マッチ一箱というのも近ごろは多くなったようですが、いわゆるイオンの流行時代には、その一枚を入れて返すのがごく普通で、それで返礼のことを「おつけ木のかわり」とか「イオンも入れずに」とかいう言葉をよく耳にしました。イオウは「祝う」だからえんぎがいいのだという人さえありました。つけ木を大きくりっぱにしていたのも、あるいはこういう場合を考えたのかもしれず、それでまた家々の毎日のつけ木は、細く小さく折って使っていたのかとも思います。

　そういうことまでは勘定に入れなくとも、ともかくもいおうつけ木の普及は、大きな改革でありました。石油ランプも同じように、その盛りは案外に短かったけれども、いろいろな影響を与えました。たきつけといったものが非常に荒い粗末なものになって、どんなに吹ったけてもこれだけでは火が燃えず、しばともボヤともベイラともいうものと、格別の違いはないものになり、これを燃やすのには、何か別のほのおを必要とするようになりました。次にはまたホクチというものの消費量が急に減ってきて、これを製造して売ることが、もうけのない商売になっていきました。

マッチはつけ木の競争者に違いありませんが、これがもし西洋からはいってこなかったら、いおうばかりでは火打ち石の火を取ることができず、ふたたび家々でホクチを自製するか、または何か代用品を考え出さなければならぬことになっていたかもしれません。もっともこれには木炭の多く使われるようになったこと、それに用いられる大小さまざまの火入れ・火ばちが普及してきたことも考えてみなければなりません。きせるでたばこを吸う風《ふう》が盛んとなって、これには久しい後までマッチは使わず、たばこの火だけはたいていの家にありました。つけ木はそういう火からも燃やしつけることができたのであります。それで私たちの家の火打ち箱の中には、まず細く割ったいおうつけ木が雑居し、後には石と金とはあまり使わなくなって、そのつけ木ばかりが幅をきかしていたのであります。あんどんの引出しなどにも、いつの間にか火打ち道具が見えなくなって、ただつけ

たばこ道具

木ばかりが燈心の隣に、同居することになっておりました。

しかしその重宝なおうつけ木も、今はもう影を消してしまおうとしているのでありま
す。木材の使いみちが進んで値が高くなり、一方にはマッチがやや乱用といってよいくら
いに盛んに使われるようになったので、冬のさ中でもないかぎり、炭火というものが保存
されず、したがってつけ木の役に立つ機会が少なくなったからであります。戦争中はマッ
チやライターが手にはいらなかったので、もう一度火打ち石を使おうかという人がありま
した。そうすれば当然つけ木もまた必要となりますが、これには少量でもホクチの用意が
なくてはなりません。こっちは材料は十分ありますが、だれがこれを作るかが問題であり
ます。火吹竹《ひふきだけ》の早くなくなってしまわなかったのはふしぎのようですが、これは以前とは
まったく目的が変わって、もっぱら炭火をおこすのに用いられていたからであります。そ
の炭火を強くする方法も、別にいくらもそなわってきましたから、もうこれからはいよい
よ不用になります。たとえもう一度火打ち石を使う時がきても、つけ木がある以上は吹っ
たける必要はないからであります。

民の煙

国が栄えて人の数がだんだんと多くなると、これにくらべて火にたくものの分量が、少

しずつ乏しくなることが感じられてきます。樹木の成長と繁殖とはもとのままであるというよりも、時々は今までの林や森を開いて畑にも屋敷にもすれば、また最初からあたりにちっともたきもののない所に、広い新田《しんでん》の村や、大きな都会ができたりします。山の奥在所《おくざいしょ》にはいって行くと、今でもまだ材木にするような太い木を、惜しげもなくどんどんといろりに投げこんで、燃やしている所もまれにはありますが、そういう所はかえって住む人の数が少なく、その他はだいたいに、薪《たきぎ》は運んでくるもの、お金を出して買うべきものとなりました。ホクチや火吹竹やいおうのつけ木など、次々と便利な発明はあったにかかわらず、火を管理する女たちの役目は前よりも骨折りなものになり、マッチが一般に利用されるようになったころから、それがさらに苦労の多い仕事になったのであります。

女の人の働きとしては、第一に燃料の種類をよく知って、適当にその使い分けをしなければなりません。それから第二には火をじょうずにたく技術を覚えこんで、少しでもむだがなく、同じだけの効果をあげるように、練習する必要がありました。この練習にはもちろん教科書などはなく、また言葉に出して教えるということもめったにありませんが、たいていの家の娘は、小さいころから年とった人のするのを見ていて、いつの間にかその呼吸をのみこんで、おまけに少しずつは改良していきました。そうして火をたくことのへたなものは、一生の間にはよほどの損だということを、よく知っておりました。女のかしこさとか考え深さというものは、めったに外部に現われる機会はないものですが、それを昔の人たちは、火のたき方一つを見ていれば、おおよそはわかるものといっていました。それほどにも火を管理する者の苦心は、十分に認められていたのであります。おもしろいことには、男も火はたき方がたいせつだということはよく知っていましたが、炉の横座にすわりこんでいる主人でも、自分ではなるたけ薪に手をかけようとはせず、客などがあるともてなしぶりに、もっと大きくたけと言いつけるくらいのもので、それさえ常の日には口を出さぬようにしていました。女房の火を守る仕事は、つとめであるとともに権能《けんのう》でもあったのであります。家が大きくて庭かまどをたくおりが多いと、むろんその役目はおまつにも分担させますが、これとても主婦の監督であって、主人が火の燃え方についてかれこれいうなどは、細かすぎるといって笑われました。

西洋の昔話でシンデレラという名は、訳してみると灰娘《はいむすめ》ということであって、これが心がけのよい若い女の、一生懸命に火をたいている姿でありました。日本ではこれを灰坊太《はいぼうた》郎《ろう》ともいって、後に出世をする青年が、しばらくそんな仕事をしていた話にもなっていますが、これは男としてはいちばん似合わしくない役という意味でありました。東北地方の火たき婆さんというのも、長者の家の台所にかがみこんで、だれもかまう者のないあわれな女の話になっていますけれども、ほかに何一つ能のない老女でも、火だけは若いころからよく練習がつんで、さすがにこうした火の番の役ならば、まかせておくことができたのであって、それにはまた家の妻や娘の、やさしい気配りが添うていたということを、土地の人ならば想像することができたのであります。

火たきのじょうず・へたとはどういうことかと問いますと、一言で答えるならば煙の多少、火たき場の煙を少なくすることが、できるかできないかの技倆だったろうと思います。これは木炭が盛んに用いられ、ガスや電気の普通になった今日では、問題にならぬことで、家をまっ白な木で作り、白い紙を多く用い、たまたまなんかでいぶると大騒ぎをするような家庭に育った人たちには、わかりにくいことかもしれませんが、昔の火たきには、大か小か、煙はつきものであったのです。それで住民の数をかぞえるのに、戸何煙と書いて煙を単位とし、あるいはまた、

民のかまどはにぎはひにけり

という古い御歌にも見えるように、煙の立つ数を見て、土地の繁栄をお察しなされたという言い伝えも、残っているのであります。しかしだれにでも考えられるように、煙の立っている間はまだ十分な火力はあがりません。したがってそれだけの燃料はむだになるのであります。いくらでも近くにたくものがあったうちは、そんなことを考えるには及びませんが、少しでもそれがたいしなくなると、できるだけ早く燃え上がって、煙の少なくてすむ工夫をしなければなりません。そういうなかでもことにたきつけはしめりやすく、それ

に火が移らぬと火打ちもホクチも消えてしまうので、時間がかかるだけでなく、いつまでも同じ所作《しょさ》をくり返すことになります。それで主婦たちは火打ちをかちかちと、何度も同じ音をさせるのを恥として、少しでも早く燃えつくたきつけをかこっておくことに、大きな苦労をしました。その目的のためには、枯れ松葉が便利なものと、昔からなっていたようであります。松の葉は脂肪分が多く、また表面がてらてらとして水を切りやすいので、たきぎの豊かな家でも必ずこれを用いていました。昔の絵にある高砂《たかさご》のじょうとうば、白《しら》髪《が》の男女二人が大きな松の木の下で、手に持っているほうきと今一つのもの、東京でクマデといっている道具などは、最初の世の中から必要であったように思われます。

しばと割木

近ごろでは一般に燃料にとぼしい土地に家を持って、この枯れ松葉ばかりで身をあたため、物を煮たきする人も少しずつできてきましたが、そうまですることは無理のようであります。松の葉はたきつけとしては早く燃えるかわりに、すぐに灰になって長く続かず、いおきというものがまったくできないので、生の物をおいしく焼くことができません。それでは困るというものがいろいろある中で、とりわけむつかしいのは蒸物《むしもの》といって、お湯を煮えくりかえらせ、その熱い湯気を通して調理する食物であります。今日赤飯《せきはん》とも御強《おこわ》ともいって、あずきをまぜたものがその一種でありますが、以前はあずきを入れない白蒸《しらむし》もあれば、またくちなしの実で染めた黄蒸《きむし》などもあって、あらたまった節日《せちび》には欠くことのできない食物となっていました。今の普通の御飯のたき方がおいおいとじょうずになってきて、古来の強供《こわく》をつくる日は、著しく少なくなりましたが、そのかわりには、一方に餅《もち》がむし物の一つとなって現われてきました。前にはお団子《だんご》と同じに、米をつきくだいて粉にしたものを餅にこねたのが、後には粒のまま臼《うす》に入れてつくことになったので、これを強飯以上にやわらかくむす必要が、生じたのであります。この二通りの蒸物のためには、わらや松葉などはいうにも及ばず、薪でも細い小枝のようなものは、いくらたいても湯気があがりません。それでどんなに燃料の不自由な土地でも、お餅をついたり強飯をふかしたりしようと思えば、ぜひともかねてから火力の十分強いまきを、用意しなければならぬのでありました。関西地方などは一般に、割木というのがそのよい薪のことです。割って使うほどの太い木に限ることで、他によく燃える木はあったかもしれませんが、本来は松を本式のものとしていたようであります。関東の方では松マキといい、マキをたきぎの総称のようにも用いていますが、マキは真木であり本式のまきということでしょうから、やはりこのためには松の割ったものを使い、わざわざ松マキというには及ばなかったと思います。その事実の最もよくわかるのは、今でも正月の門松《かどまつ》の根もとに、それをささえるために丸くならべておくたきぎは、必ず松の割木ときまっております。これはただ、一つの装飾というものではなく、起こりは新年の清い火を燃やす燃料を、こうして用意して楽しい春を迎えるという意味であったことは、ちょうど正月に家の中に一本のかけざおを渡して、魚や野菜の類を数多くひっかけておくのと同じでありました。食料と燃料と、この二つのものを十分に備えなければ、正月の支度《したく》がととのったといわれなかったことは、宮もわら屋も一様でありました。

　古い歴史の本を読んでみると、昔は宮中でもお年越《としこ》しの境に近づいて、[13]百官有司《ひゃっかんゆうし》の者がめいめい数本ずつ、この新年の薪を持参して納めることになっていて、それを御竈木《みかまぎ》進献《しんけん》といっておりました。百姓の家でも近世になるまで、あるいはまだこのごろでも、毎年十二月十三日の正月初めという日に、分家や出入りの者がこの薪をおくってくる風《ふう》があり、または奉公人がこの日の午前中に、山にはいって薪を切ってくるのを、十三日しばというところもあります。下人《げにん》や出入りの者のないような小さな家でも、やはり同じころから、主人や息子《むすこ》が出て行って、自分たちの家の年木《としぎ》を切って来ました。マキすなわち本式のよい薪の入用は、祭りとか祝いごととか、またはその年行なおうとする法事とかのためにもありましたが、なんといっても正月は寒いころで、これを使う必要が最も多かったのであります。いなかを歩いてごらんになると、外からもよく見える家の一方の壁ぎわや軒下に、きれいに積みならべた薪のたな、あれがいよいよ冬になったというしるしでもあれば、正月の用意はできたという合図でもあって、私たちの思う以上に、村の人たちには楽しい感じです。それがどのくらいあればやすやすと一冬が越せるかということは、その家の人数などに合わせて、どこの家の主婦にも胸算用《むなざんよう》ができたのであります。その薪が中途でたりなくなって、雪の降る中を山へ取りに行かなければならぬことは、貧しいというよりも情けないことでありました。

だからまた燃料の種類をよく覚えていて、出すのにつごうのよいように、つもりを立ててそれを積み分けてあります。餅つきその他のあらたまった食物をこしらえる日に、思うさまよい薪をたこうとすれば、常にはもう少し悪い木を、燃やすようにしなければなりません。割って使うほどの松を一本切っても、必ずたくさんの松葉や小枝が取れ、また一本丸のままで炉に入れても、よく燃えるような太い枝も取れます。それらには一つ一つ別の名がありました。割らずに一本ずつくべられるような中くらいの薪を、小木《こぎ》とも小端《こはし》ともいっていたようで、分量の少ない御飯や毎日の煮物ならば、これだけでもけっこう間に合いました。それよりもやや細いのは土地によって、名もいろいろと変わっていますが、まず中部から東ではバイタ・ベエタ、九州などでは、バイラ・ベエラというのが最も普通で、バイというのが細い棒のことかと私は思っています。これでも四、五本も合わせてたけば相応にあたたかく、またなべのものをあたためる時などはこれで十分です。

しかもこういういくらもある燃料すらも、なお倹約する主婦がありました。たとえば外で働いていてきょうはもう火がいらぬという日に、客でもあって湯をわかすという日には、もっと早く消えてもよいヨドロというのをたきます。ヨドロは和歌によまれるオドロという語と一つで、東京の付近でボヤまたはモヤというのと同じく、いばらでもすすきでもまたいろいろの灌木《かんぼく》でも、ごっちゃにはえている草むらをいったらしいのですが、後にはたきつけにもなるような、小さな燃料を皆そう呼ぶことになって、竹のヨドロだのヨドロぼうきだのという言葉までできています。そうしてまたそんなものの中からでも、少し太めな枝だけを抜き出して、これをヨドロのすねなどといって、別の使いみちにのけておこうとする人さえありました。

ホダと埋火

このヨドロという雑駁《ざつぱく》な燃料の利用には、いおうのつけ木の発明が、この上もなくありがたいことでありました。たしなみのある女たちは、家のいろりの火種だけは、なるたけ消さぬようにしていましたが、さあ火をたこうという段になって、これにヨドロのようなものをのせて吹きつけていたのでは、それこそ昔話のシンデレラのように、灰まみれになってしまわなければなりません。それがいやだと思えばいったんは消えるにまかせておいて、何の神祭りの日でもおついたちでもないのに、またしても火打ちをカチカチといわさなければなりません。ところが家にいおうのつけ木が備えつけられますと、たとえどのように細くさいて使っても、これだけですぐに燃やしつけることができます。火打ちで火を出せば失敗が多く、また多量のホクチやたきつけを使わなければならぬに反して、火種はどんなに小さくとも消えずにさえいれば、たいへん簡単に火をたくことができたのでありますす。マッチはこれにくらべてもさらに便利なようでありますが、人は最初のうちはこれを素性《すじょう》の知れぬ火と思って、安心して何の用にでも使うというわけにはいかなかったのです。そのために埋火《うずみび》すなわち火をいけておくという技術は、いつまでも女にとってはたいせつなものでありました。

家に火を絶やさずにおくということは、あるいは古い伝統というのであったかもしれません。すなわち前にもお話をしておいたように、最初火を作る方法がはなはだむつかしかった時代から、これは容易に消してしまってはならぬものという考えが、深く心にしみこんで残っているのかとも思われます。しかし今日では、もう必要があれば消しているのであります。たとえば家の主人の代替《だいが》わりの時には、かねて火を分けてもらう家をきめておいてから、こちらの火を消すという習わしもおりおりはあります。その以外にも、家に凶《きょう》事《じ》があれば消し、または何かのけがれがあったことに気がつくと、その火を消したという話もあります。正月には毎年古い火を消して、新しい火で春を迎えるという例もないではありませんが、そういった場合にもなおいったん改めた火は大事にして、やたらに消してはしまわず、またその火種の知らぬ間に絶えることを、不吉としてきらっていた家が多かったのであります。

ところが今夜の火をよくいけておいて、あすの朝まで持たせるということは、そう手軽な技術ではなく、相応に長い間の練習が必要でありました。家によっていろいろ流儀も口伝《でんく》もあったかと思いますが、それをくらべ合わせてみるということは、まだ私にはできません。普通に話にきいていますのは、まず炉のまん中のホドという部分の灰をやわらかにして、そこへ太い木の燃えさしをおき、その上に今まで火の下になっていた温灰《ぬくばい》をのせます。温灰はクヨウクリといい、またはカラスアクともいう地方もあって、小さな粉炭が火になってたくさんまじっています。それがまだ黒くなってしまわぬうちに、急いで炉のまわりの灰を集めて、とっぷりとおおい隠してしまうのであります。あんまり念入りに中の燃えさしを動かしてみたり、またはやりなおしなどをしていたりすると、すぐにその灰がつめたくなって、せっかくの火を消してしまい、あの昔話の年の若い嫁のように、ひとりで大きな心配をしなければならぬことになります。

多くの母親たちはなれたもので、手ばしこく火をまだ赤い灰の中に包んで、どしどしと上から他の灰をよせてきて、富士山のように盛り上げ、それをまわりからロセンともアクセンバともまた灰ならしともいう板のようなもので、軽くたたいてよい形にしてしまいます。ロセンは今日ではただ火ばちの火のために使うような小型のものしかありませんが、もとはいろりには欠くことのできない、火ばしよりもなおたいせつな道具でありました。

だれもあとから来て見る人などはないのですが、これでできるだけきれいに炉の中を整頓《せいとん》しておくのが、いわば主婦たるもののたしなみでありました。そのためには毎夜家のうちのだれよりも、いちばん後から寝ることになります。嫁や娘によく覚えさせておこうとすると、自分は手をくださずに、わきから見ていていろいろと注意してやりますから、やっぱり早くは寝られません。

このたいせつな火の管理の技術、夜中にいつでも入用があれば、すぐにかき起こしてたきつけることができて、しかもちょっともあぶなげがなく、みんな安心して寝ていられるようにする技術を、日本の多くの村々では、火をとめるといっていました。火どめの技術はたいていの女たちは知っていて、あたりまえのことと思っていましたから、ことごとしくこれを伝授する者もありません。それが、世の中の改まり、ことにマッチの進出と燃料の変化とによって、いつの間にか忘れてしまっている人が多くなり、末にはこの過ぎ去った女の心づかいが、かえりみられなくなろうとしているのであります。

埋火《うずみび》がどうしてよく持ったかは、物理学の問題でありましょうが、その火がどういう方法でとめられていたかを知らなければ、いつになってもその理由を考えだすことはできますまい。私はたぶんその燃えさしの木の大きさに程合《ほどあ》いがあり、それに温灰《ぬくばい》をかぶせてゆく手わざにも加減があって、上に向いたほうだけをやや軽くしておくなどということが、自然に覚えこんでいたこつというものであったろうと思っております。とにかく、巧者《こうしゃ》な人たちのいけた火は、朝まで消えずにいるばかりか、薪がよく焼けて、まっ赤な大きな炭火になっていましたし、気のきかない女がいけたのは、おりおりは黒く冷たくなってころがり出すことがあって、これただ一つだけからでも、知慮と人がらとを知ることができたかとも思われます。しかし最初から、だれでもじょうずにこういう火留めが、できたものではなかったでしょう。

火を留める

木曾《きそ》の開田《かいだ》とか飛驒《ひだ》の丹生川《にゅうがわ》とかいうような山奥の村に行くと、灰の代わりに多量のもみがらをかけておく家もあるといいます。これならば空気の流通があって火は消えず、またtouめったに燃え上がる心配もありませんが、その代わりには夜通しぶすぶすといぶっていて、家中が煙だらけになります。あるいは大きなまきの端をそのまま灰の中によく押しこんで、燃え上がらないだけの手当てをしておくというような、簡単な方法もあったようですが、これも煙の立つことを防ぐことができず、またよっぽど大きないろりでないと、火事を出す心配がないとはいわれません。寒い国々では、夜通しだれかが起きて代わりばんこに火をたき、あるいは炉ばたに横になっていないと、寒い晩は眠られないという所もありますが、こういう土地の人たちはまた、けむいということをそう苦にしなかったのであります。

夜着や綿ぶとんというものがだんだんに備わって、寝がけにまた火をたいてよくあたたまってから後に、その寝床へはいって寝るようになると、炉ばたの火を散らかしたままでおくことはできません。火を管理する人の役目としては、最初にまず大きな薪の燃え残りを取り出して、わずか水をかけ、十分消えたのを見すまし、これを土間の上に出し、または壁などの下に寄せておきます。次にはたき落しのおきのあらい分を拾って、年寄りでもあればあんかの中へ入れてやり、その他はたいてい火消しつぼの中で消すのであります。そうして最後には、五、六寸のなるたけ短い燃えさしを一つだけ残して、それを前にいったように、じょうずに熱灰《あつばい》の中にいけるので、そのためにはよいのうちから、これをと思うのをのけておき、または前々から火留めにつごうのよい木を貯えていました。すなわち私たちの火を管理する技術も、時世とともにだんだんと進歩していたのであります。

この火留めに使う木のことを、越後《えちご》などでは火休め木、九州では火のトキまたはヒケギというのが普通であり、その他にも土地によっていろいろの名がありますが、古くからの日本語にはホダ（榾）というのがあって、今でもまだ使われております。火のトキはおそらく火の伽《とぎ》、ヒケキは火をいける木ということであろうと思います。いけるは現在ではただ埋めるという意味に解している人もありますが、本来は活《い》く、活かすと同じ言葉ですから、活きていつまでも続いているものでなければなりません。実際の例としては生け花・

花を生ける、または用水をためておく所をイケというなどがそれであります。ホダという名は古いので起こりがよくわかりませんが、これもただたいてしまうタキギとは、心持ちがよほど違っていたようであります。第一にはホダにはよく燃える松の木よりも、カシとかウバメガシ、またはツバキのような堅い目のこまかな木が選ばれました。農家では昼間の火留めにも、このホダが入用です。いくら冬でも日中外に出て働くうちは、火を燃やしているには及ばず、消さずにおく必要は常にあったので、こういうあまりよくは燃えず、火になれば長く消えずにいて、持ちのよい木を用いはじめたのであります。だからかまどの下にはホダを入れることはなく、炉でも煮たきには必ずしばなり小木《こぎ》なりをたき添えました。太い木のきり株などを掘ってきてたくのを、ボタとよんでいる土地もありますから、ホダももとはあるいは木の根のことかもしれません。

以前中央のりっぱな家々にも、必ず炉があって木をたいていた時代には、ホダはその炉の四すみから、太い長いのを一本ずつ出してまん中で交叉《こうさ》させてたくのが本式であったかと思います。ヨツギホダという語が残っていて、四つの木ということらしく想像されるからであります。しかし熊野《くまの》地方などに今日その語のあるのは、文字には世継《よつぎ》と書いていて、正月のめでたい休みの間、炉にたくホダだけに限って、この名で呼ぶことになっておりますが、これはまったく一年の大事な節《せち》の日だけに、せめて古来の本式で家の火を守り、他の日はつごうによって簡略にしてもよいとしたのが、後にしだいに正月だけの作法となり、いろいろな説明がつくことになったのかと思われます。

熊野と山一重《ひとえ》を境した吉野の山村では、このホダをまたセチボタともいいます。セチはすなわち節供《せつく》の節、一年中のあらたまった日ということですから、もとは正月以外にもホダを炉にたく日があったのであります。しかし新年は炉の火の最もうれしい季節で、ことにまた珍しい客のたずねてくる時です。それでみごとなホダを暮から用意して、または歳《さい》末《まつ》のおくり物として、他家へも分配する風習が多かったのであります。北国の方では、このホダを年越しかぶ、または福ぼたという人があります。九州でも土地によって、ツゴボタすなわちつごもりほだとも、年取りヒケキともまた年トキともいっていまして、これは夜寝る時の火いけには限らぬのでありますが、もともと正月中たき続けるのを本意としていたので、夜になるとやはりたっぷりと灰をかけて、消さぬようにしたことは同じです。鹿児島県の村々にはまたナンカントキという言葉もあります。それは元日から七日正月までたき続けられる火のトキということで、びっくりするくらい太い木でありました。しかしよっぽどじょうずに管理しないと、どんな大きなホダでも七日まではもちません。それで家によっては三が日を過ぎると、消して片わきへ寄せておいて、七日・十一日・十五日というような日には、あらためてそれを燃やして七草の雑炊、蔵開《くらびら》きの餅焼き、小正月のあずきがゆなどに、必ずこの火を用いることにしているのもありました。火正月という言葉は、他の地方でもよく耳にします。家の中の生活としては、炉の火はまったく正月の祝いごとの中心であったのです。親子兄弟がこの福ほだの燃えるのを見つめて、静かに休んでいた昔の初春が想像されます。

炉ばたの作法

いろりというものがまだそちこちに残っているうちに、皆さんはいま少し昔の家庭生活を考えておかないといけません。炉が火ばちとなり、こたつとなったころから、家というものの形が少しずつあらたまり、ことに女の人の職分と権能とが、だいぶ前とは違ってきているのであります。炉は正月の祝いごとの中心であったばかりでなく、家そのものの組織の上にも、大きな役割をもっておりました。それを簡単に説明するためには、まず最初にイルという言葉に気をつけてみる必要があるかと思います。

外部に現われた姿だけからいいますと、人が活《い》きているのは立つか、ねるかいるか、その三つの外はありません。そういう中でも、立つはいろいろと大きな仕事をしました。それにくらべると他の二つは、時も少なく、また半分は休養に過ごしましたが、それでもわれわれの精神生活は、受けるにも与えるにも、たいていはこの二つの中でしていたので、それを目的に設けられたものが、取りも直さず私たちの家なのであります。家にはそれゆえにきまっている場所がありました。あらたまった儀式をあげ、または貴人を歓待《かんたい》する場合には、デイ（出居）の間を使いますが、常の日は中央のいちばん大きな中の間に、家の者は集まっており、また普通の客にもここであいました。東北地方ではここをジョウイ（常居）といい、九州の方へ行くとナカイ（中居）ともまたオマエとも、ゴンゼン（御前）などともいうのがそれであります。イマ（居間）というのももとはここのことでしたが、後には主人主婦の私室の名になって、みんな集まってお茶を飲むところから、後にはここを茶の間というのが普通になりました。茶の間には今日長火ばちなどを置いてありますけれども、それは昔の生活の痕跡《こんせき》というもので、以前はこの広間のやや台所よりに、必ず大きな炉が切ってあって、家中の者はそのまわりに、互いに顔を見合っていたのであります。囲炉裏《いろり》というのはおかしな当て字で、炉を囲《かこ》むまではまず当たっているとしても、三番目の裏の字がちっともわかりません。これもたぶんはイルという動詞から出た言葉で、もとはイルイとでもいっていたのが、後にこのような漢字をあてたばかりに、イロリが正しくて他は皆誤りのようにいう人が多くなったものと、私などは考えています。実際にまた各地の方言をくらべてみますと、ユリイ・イルイというふうにいっている人も少なくないのであります。

このいわゆるイロリの四方には、そこにいるべき人の座がちゃんときまっていました。まず最初には戸主の座で、これは土間に面して上がり口から最も遠く、ここだけは畳が一帖横に敷かれてあったために、上座《かみざ》ともいわずに横座《よこざ》というのが、全国ほぼ一様の名になっており、まれに亭主座《ていしゅざ》とか親座敷《おやざしき》とか、旦那《だんな》イドとかいう地方があるだけであります。これに対してその亭主座の左右、すなわち普通は長方形の炉の長い方の両側には、ござがたてに敷いてあります。それでその片方をたて座という名もありますが、ここが外からくる客の座であります。すなわち家の表口に近い席で、家はたいていは南向きに建っているので、またこれを南座ともいいますが、最も普通の名前は客座であり、あるいは寄座《よりざ》・ヨリツキとも、またマリト座ともヒト座敷ともいう地方があります。マリトはまれびとすなわち客人の古語であって、そんなに古いころからもう客人の座がきまっていたわけです。人座敷のヒトは皆さんもご存じのように、お客ということであります。あるいはこの座をムコ座とも、またアニ座敷とも男入れともいう者があります。アニというのもこの場合は家の長男のことでなく、やはり、新《にい》むこが初見参《はつげんぞう》の日に、しゅうとにもてなされてそのそばに近くすわり、また花嫁と晴れて顔を見合う席でありますので、こういう名が生まれたものと思います。嫁入りする前の若い女たちは、ちょうどこの男入れの対岸、ややななめの座にすわっていました。もちろんその上席には、主人の横座に近く、主婦の座はちゃんときまっていました。世を譲った女親は隠居《いんきょ》に住み、または別に小さな炉を切ってそこにいますが、その場にい合わせると主婦の次にすわります。

だいたいにこの側は、家のすべての女たちのすわる席となっていたようですが、上座の者が代表してここをかか座・うば座、または女房入れなどとも申しました。土地によってもちろん名はいろいろに変わっています。お話の種にその中の五つか六つかをあげてみますと、いちばん簡単なのは一方の客座を男座といいうに対して、この方を女座・オナゴザまたはメロジャ、あるいは一方を南座というに対してこれを北座といい、横座のことを西座というものもありますが、他のはたいていはもう少し意味があります。たとえば福井市の付近ではこの主婦の座をたき座、富山県の一部でスウダキワというのも火たき座のなまりらしく、また広島県の北部山間でオモヒジリというのも、おもな日に火をたく所ということのようです。しかし常の日の火たきは客のない客座のほうからでも、また下座《しもざ》にいてもたきますから、はっきりしません。かか座ですることにきまっていたのは茶をこしらえることで、それで、岡山地方ではここを茶せん座、山口県から九州いったいにかけては、茶《ちゃ》煮座《にざ》、または茶飲座《ちゃのみざ》という者が多く、それをまちがえてまれにはチャノイザあるいはタネザなどともいっています。

最もたいせつなことは、ここで食物を取り分けて出すことで、したがってその名をつけたものが最も多く、丹波《たんば》・但馬《たじま》ではオナゴ座をまたなべ座、美濃《みの》でも山中の村はここをなべじろといいます。なべには多勢の人が手をかけては始まらぬので、これは主婦の役ときめてあり、亭主の横座との間のすみに、必ずなべはおろすものとなっていました。それでこの席をヤゼという所も中国地方にはあります。ヤゼは養うというのと同じ言葉で、すなわち食べ物を盛って渡すことであります。山梨県の広い区域では、バンシ座という名がありました。バンシは食物の支度《したく》をすることで、バンは食事を意味する中世以来の語であります。今日はもう女中だけをオバンシということになっているようですが、もとは女中のない家では細君がお中居《なかい》、またはオバンシでありました。このバンという語のできるまでは、日本では毎日の食事をケといっていました。それでまた女房座を、信州の南のはしの遠山村ではケザ、北の方ではケドコ・ケンジまたはケドモトといい、中国のある山村や隠《お》岐《き》の島ではケンザ、秋田県の奥在所《おくざいしょ》でも、ミケンザといっていました。いずれも食物をつくる場所の意であります。

このごろのように炉で火をたかず物を煮ぬことになると、以前ここについていた名が散らばってしまいます。たとえばタナモト・棚前《たなまえ》・勝手などという言葉は、ひろく台所の一区画をいうことになり、腰元《こしもと》というのは、侍女《じじょ》の名だけになりましたが、最初はこれもかか座の名であったのです。主人の片わきに引き添い、戦国殺伐《さつばつ》の時代などには、始終その左においた腰の物すなわち刀を、人に取られぬように番をしていたのは妻でありました。

下座と木じり

それからいま一つは亭主の横座に向き合った下の座で、ここだけは板敷きでござも畳もありません。大きな家ならば下男下女、出入りの者などがここへ来てすわり、それで末座《すえざ》ともシモイリともゲスイとも、九州の南ではまたデカン座ともいいました。デカン座は字で書けば代官《だいかん》ですが、あの地方では農僕《のうぼく》のことをそういったのであります。しかしそのような大きな家は少なく、小さな家族でも必ずいろりはありましたから、普通はそこを使わずにあけておいて、アケモトとも、取り残しともいう人がありました。そうしてお産をした女房をここに休ませる風習もあって、ここを子持ちジロともいっています。土地によっては嫁座敷《よめざしき》という例もありますが、これは嫁さまを下人《げにん》と同格に見たのではなく、若い女には忌《いみ》の日が多いから、それをなるたけ神だなから遠ざけたものと思います。神だなと仏壇《ぶつだん》とは、多くの家では主人のすわっている横座のすぐ後にあり、この間を女には決して通らせぬ家もありました。若い女房が下座《しもざ》にいると、自然に幼な子もそこに寄ってきます。それで秋田の男鹿《おが》半島などでは、この座席をアコジャと呼び、伊豆の新島《にいじま》でもここをコイド、すなわち子のいる所といっています。ねこも気楽でいいので、子のいない時はここに来て寝たとみえて、九州の島々にはここをねこの座敷、またはねこ間、あるいはもっとしゃれてねこの横座などという人があります。

下座のいま一つの特徴は、長いホダの木はこの側面から炉にくべます。煙はどうしてもまだ燃えない部分に多いからであります。それでこの座のことをトグチ・たきものじり、または火のしりともホダじりともいうのです。木のしり座というなども意味がよくわかっているのに、今はまちがえてキンスリ座というような、おかしな名をつけている人が東北にはあります。冬のころ旅をしてみますと、田舎の茶店なんかにはこの一方の炉ぶちだけを、取りはずしのできる腰かけにしてあって、旅人がぬれたわらじのままで、あたたまるようにしたものがあり、そうして火にあたることをドタバイリといいます。しかし普通の家ではそんな必要が少ないから、多くは当座の燃料を持ってきてそこに置くのであります。そこには木《き》じり箱という一つの箱があって、中にはボヤ・ヨドロ・松の落葉というような、いろいろのたきつけまでが入れてあります。あるいは板の間をあげぶたにして、その下にたき物を置く家もあって、それも木じりと呼んでいたために、後には家から離れた薪部屋までをキジリという土地もできていますが、それは皆、家人のいる座としてはこの一方の炉ばたの必要がなくなった結果、すなわち一軒の家の家内が少なくなったからであります。燃料の節約が始まって、なるたけ炉に火をたかぬようになると、ここにいわゆるこんろを置き、または小型のかまどを取り付けるようになったのは自然な変化ですが、その話はもう一度、後にくわしくするつもりです。

この炉ばたのいくつかの座席の中で、いちばん厳重に近ごろまでも守られていたのは、横座とかか座、すなわち主人夫婦の座でありました。社交が進んで意外の珍客が来るようになると、亭主がもてなしぶりに女房の座までさがって、横座を来た人に進めるような礼儀もできてきましたが、なおそれを辞退する客のほうがずっと多いのです。以前はこの席を譲るべき相手というのは、本家の主人か菩《ぼ》提《だい》寺《じ》の和尚《おしょう》ぐらいなもので、隠居の親が来てもたいていは並んですわりました。それが最近は主客ともに、かまわぬ者がだんだんと多くなって、集会などの晩はどこにでもすわりますが、それでもまだ横座にすわれば米を買わねばならぬという言い伝えがあって、米を買え米を買えとはやす者もあれば、[14]猫馬鹿坊主《ねこばかぼうず》になんとかということわざもあって、この一ぴき二人だけが横座に上がってもよいのだといっています。前年胆振《いぶり》のアイヌをたずねたときにも、私はこの経験をしました。アイヌはこの作法を昔から持っていたのか、または日本人から学んだのかは知りませんが、主人は十分な尊敬を表わしつつも、なお自分の右手に最も近い席へ訪問者をすえるのを最上待遇として、その横座からは動きませんでした。日本でももとは尊い旅人には一つの仮屋を建てて、新たに炉を設けてその横座を提供したのであります。

　その次にたいせつだったのは主婦の座です。ここは小児がまつわりつきますから、幾分か秩序が乱れやすかったかもしれませんが、それでも成長した女性がこの座をおかすことをいましめたのは、決して新しい嫁だけに限らなかったのであります。以前はそれをするときびしく叱《しか》ったといいますが、今ではもうそういう話をききません。ただ内心よい心持ちのしないことは、古い習わしだからやむをえません。

　しゃくしを渡すといって、家と世帯を引き継いでしまったしゅうとめなども、たまたま同じ火に当たるときには、やはり主婦の次にすわろうとしました。それを無理にでも上座のほうへ、すすめてすわらせるようにすることが、今でもやさしい女の心がけとなっています。一つには家政の相続ということがそうはっきりと、際《きわ》だたぬものになったのと、いま一つには私たちの礼儀が、主として生きている人と人との間だけに、限られるように考えられてきたからであります。以前は家の中のきまりが明らかについて、みんながおのおのその所に安んじているありさまを、先祖の神霊が炉の上の高い所から喜んで見ておられると思う者が多かったので、もの堅い老人ならば、いくらうれしくとも、決して主人主婦より上にはすわろうとしなかったのであります。それゆえに常の日は自由にどこにいてもよいような家庭でも、年取りホダをたくような日、すなわち正月の節《せち》の日とか、あらたまった祝い事、ことに嫁の縁者の初対面の日などは、人情をおさえてでもこの座席をきちんとしました。日ごろの心安さになれてしまって、年取りの晩などに親をさしおいて、自分で食べ物を分けようとしてはならぬぞと、嫁に行く娘たちが特にいましめられるのもそのためであります。以前は一定して動かなかったものが、今はこのとおり複雑になっているのであります。よく気をつけて覚えなければなりません。

火をたく楽しみ

外国でも冬のある国ならば、必ず火たき場は備わっているはずですが、それが日本のいわゆるいろりと、同じようにできているのはどのくらいあるだろうか、もし違っているならばどういうふうに違うか、私は折があったらくわしく知っておきたいと思います。映画などで見る西洋の家には、厚い壁に炉をはめこんで、みんなが一方を向いて腰かけているようなのが多く、またまん中に置き炉があっても、それが高くて向こうの人の顔の見えぬのがあります。日本の平たい炉ばたは、煙が家いっぱいになるのは困りますが、それでも並んでいて、お互いの顔が残らず見られるのはつごうのよいことで、その顔が赤々とたき火にうつるのですから、これでこそ一家団欒《だんらん》という言葉が割引なしに通用します。露地《ろじ》で火を燃やしていた大昔の夜を考えると、これがいちばんにその古い形式に近いようで、あるいは家の中に床《ゆか》を張って住むようになってから後も、なおなんとかして最初の集まり方を続けたいものと苦心した結果が、こういういろりの形となったのかと思われます。年中はだかで暮らしているような熱帯地の土人でも、夜分起きているにはやはり火をたきました。そうして火をたけば必ず興奮して、いつまでも話をして眠らないということでありま す。人が近くに顔を見合わせながら、続けて物をいうようになったはじまりは、たき火のそばかもしれません。話と炉ばたとの因縁は、深いものがあったようです。

その炉ばたが常の日の働く昼中には、がらんとしているのであります。男は田や畑や山野海川に出てしまい、子供は道のつじで遊び、女たちも背戸《せど》や軒先《のきさき》でそれぞれの仕事をしていきます。それがたそがれになると、方々からもどってこの一つの火のまわりに寄ってきて、言葉をかけ合うのであります。きょうは休みという日の朝の一時《ひととき》、または節供《せっく》の膳《ぜん》の後先《あとさき》などにも、みんなそろっているなと前後左右を見わたして、これが家だと感じない者はなかったろうと思います。冬は家無しには最も悲しい時であります。火をたく家さえ持っていれば、だれでも身と心とを安めることができました。親や年寄りが子を愛するということにも、やはり一つの刻限《こくげん》のようなものがあったのです。夕方外の風がだんだん冷たくなるころから、家の中には赤い火が燃え始めます。母が庭におりてまだいそがしく立ちまわっている間、あぐらのひざの上に子をのせて、小さな手をあたためてやるのにも歌がありました。それをだれから学ぶかというと、自分が小さなうちに何十ぺんとなく、聞かせてもらったのが土台になっているのですから、よっぽど古いものということができます。信州あたりに今でも行なわれているのは、子供に手を出させて指と指との間をおさえていきながら、こう唱《とな》えるのです。

火《ひ》い火《ひ》いたもれ
火はないないと
あの山越えて
この田へおりて
このうち聞けば
このくぼったみに少しござる

またはｰ「ここへ来《く》りゃちょっこりござる」などといって、こそぐって笑わせるのであります。この「火い火いたもれ」は、昔家庭で火が得にくかった時代に、近所へ火種を分けてもらいに行く言葉ですが、山を越えたり田におりたりしても、火がないないというなどは昔話であります。それに幼ない者が興味を持つので、いつも口遊びのようにして聞かせていました。東京などは炉がなくなってから、もうこの歌を思い出すことがなく、今では青年や娘をあざわらってまだ子供じゃないかという時に、このヒイヒイタモレという言葉を、意味がわからずに用いる人があるだけです。それから子供に五本の指を広げさせて、その一つ一つを数えていく唱えごとは、全国にわたって数えきれぬほどたくさんの種類があります。その中でたった一つだけ、宮城《みやぎ》県の海岸地方に行なわれているものを例にとると、

へびがしらにアリャーリャー
せい高ぼうじに医者《いしゃ》ぼうじ
酒《さけ》わかしのかん太郎《たろう》

この文句は説明をしないと、他の県の人にはわかりにくいでしょう。へびがしらという

のはおや指のことで、形が少しばかりへびの頭と似ています。アリャーリャーというのは人さし指、人を指さす時にはどこの子供でも、たいていこんな声を出すので、またこの指をアラアラエンビという所もあります。せい高法師《たかぼうし》の中指であることはよくわかります。私などはもとは高々指《たかたかゆび》といっていました。医者ぼうじはすなわち薬指、この指はほかに使うことが少なく、もとはまじないのようなことによく用いたので、くすり指という名もあったのを、さらに転じて医者殿ともいうようになりました。最後に小指もあまりきたないことには使わぬので、いなかではこの指をさしこんで酒のかんをためしました。それで小指をそう呼んでいたのですが、そのかん太郎は同時にまた、かわいい子供ということでもあったので、彼らはそれを聞いてきげんよく笑ったのであります。こういう種類の火のはたのわらわ言葉は、集めてみればまだいくつもありますが、その多くのものは幼な子をじっとさせ、または小さな手の裏表を火にかざして、あたたまっていさせるようなものばかりであります。

子供はこうしているうちにだんだんと言葉を覚え、またその言葉のかげに隠れている感覚をさとっていきました。近畿《きんき》地方のかなり広い区域で、松かさのことをチチリ・チッチロ、またはチンチラコ・チンチロリンなどと、よく似た言葉で呼んでいますのは、初めは子供に対して、または子供とともに、こしらえた名であろうと私は思っています。松かさは存外火力の強いもので、これを火に入れておくと、ほかの木の葉などの消えた後に、しばらくいぶっていいてだしぬけにぱっと燃えるので、こういう名が生まれたようです。こんなはかないことでも子供にはなぐさみになるので、さびしい日の暮れなどにはこれをわざわざ炉の火に加えて、見せて指さしてともどもにはやしていた人があったのかと思います。そうでなければこのような変わった音《おん》の言葉が生まれた理由がちょっと考えられません。

・石川県の一部にもケッケラマツまたはケンケラマツ、見島《みしま》という山口県の島ではコッケラ、信州の松本辺ではカッコ、これらもおそらくチチリと同じような起こりと思われますが、それ以外の名としては松ふぐり、またはこれからなまってきた松ボックリのような、無骨《ぶこつ》なものばかりしかないのであります。そうして児童用ともいえる燃料の名前は、チッチロ以外にもまだあるように思います。たとえば三重県のずっと南の方では、葉のついているまきをバアバ木といい、火にたくとバアバと燃えるからだと説明しています。くりやははそ・くぬぎなどの燃えやすい枯れ葉をバンバという所も中国地方にはあります。あるいはたきつけにするような細い木の枝にすすきやささのまじったものを、ボヤともモヤともいうなども、やはり燃えあがる様子を形容した言葉だったかもしれません。この言葉の行なわれる区域は相当に広く、それから転じてそういう植物のはえている場所をモヤとい い、たかの羽の乱れて役に立たなくなったのをモヤずれといったり、またはただの枝葉の多い木をモヤといって、それを切ってきて水の中に立てて、うなぎやえびを取る装置までをモヤといっている地方さえありますが、数多い例を集めくらべてみると、枯れ草でも杉の葉でも、なんでもただ火に入れて早く燃えるのがモヤまたはボヤなのです。おかしいことには東京の町だけでは、火事のごく小さいのがボヤでありました。これなどは気のきいた江戸人の物の言い方で、小さくてすんだという喜びの形容に、こんな言葉を持ってきて笑わせたのが初めだろうと思います。

火正月

しかし子供には限らず、昔の人は単純で子供らしい名をつけ、または子供のつけた名を大人までが、改めずに使っておりました。たとえば一年の最もあらたまった節日《せちび》に、何か活発《かっぱつ》な音をたてるものを火に入れて燃やすというのは儀式で、子供のない家でも皆やっていましたが、これにもやはり同じような名があります。天竜川《てんりゅうがわ》の流域でパチパチというのは、ひのきの青葉のことで、節分と初午《はつうま》の二つの日の夕方には、必ずその一枝を炉に投じてそういう音をさせました。奈良ではあの公園にたくさんあるあしびという木を、パチコといっているそうですが、たぶんこれもまた節分の豆をいる火に焼いて、パチパチという音をさせるのでしょう。私などの生まれた土地では、このあしびをベリベリシバ、広島県ではまたバリバリシバといいます。ともに立春の前の晩には、必ず火にくべて、そんな音を立てるものとなっています。東の方に来るとこの豆まきの晩に、豆がらをたく家が多いようです。これも実にはなばなしい音をして燃えますが、これには特別の名は聞いていません。子供にとっても興味の多い音であり所作《しょさ》でありますけれども、その目的はもっとまじめなものでした。鬼を驚かすとか魔物《まもの》を追いはらうとかいったのは確かでないにしても、ともかくも何か常の日にはたかない燃料を、使うということに意味があったのであります。去年の茄子《なす》の木をためておいて、六月一日に燃やしてその煙にかかるという風習は、東京近くにもあります。トベラという木の生葉《なまば》を節分の晩にたくことは、この木のはえている地方はどこでもします。くさい香がするので、鬼よりもまず子供がよく記憶しております。

全体の人が炉のまわりに集まって暮らす時、すなわち正月のあと先には古くからの行事が多く、それがまた子供の経験に深くきざまれて残るものばかりでした。それをならべてみるのには、この本は少し小さすぎます。火と直接関係のあるものだけを拾っても、まず大みそかの年越しの晩には、とほうもなく大きな火を炉にたくのが、もとは日本の南北にかけての普通の習慣で、屋根裏が見えるほどたくなどといっていました。人が多勢いるので火事にはなりませんが、それでも火棚のすすなどに燃えついて、火の子になることがおりおりはあります。そうすると鼻をこすれこすれと、一同がそろって鼻をこすると消えたなどということが、古い書物に書いてあります。

正月十四日の晩は花正月ともいって、木をけずって多くの飾り物を作る日でありました。子供も同じ木で祝《いわ》い棒をこしらえてもらい、次の日は一日これでいろいろのものを打ち、唱えごとをして遊びまわります。以前はその木の一方を細く総《ふさ》にけずって飾りにしたのが、後にははいだ木の皮を細くくるくると巻き、または型紙を切ってはって、炉の火でその上をいぶして模様《もよう》をつけました。それを父や兄たちが、この日だけは手伝ってくれるのであります。それよりももっと大人たちがまじめになってするのは、月占《つきうら》という炉の火の行事でした。これも同じ小正月《こしょうがつ》の前の晩、もう祝《いわい》ホダが赤々と燃え上がってから、横座の前の灰をきれいにかきならして、そこにくりとかくるみとかあずきとかを月の数だけならべて、灰になった分はその月は晴れがつづき、黒いまま残るようなのはその月雨が多く、ぷうと吹くのは風があるというようにきめるので、それに応じて一年の播《ま》き物の計画を立てることにしました。大人たちが熱心になるので、そばで見ている児童の印象も、おのずから常と違っていたのであります。

そのうえに焼くのは、まれに木の小さな燃えさしもありましたが、たいていは食べる物ばかりなので、いっそう彼らの好奇心をひきました。あるいは縁結《えんむす》びなどといって、餅をならべて焼いて一人一人の身の上を判断するのも、そのまねのようなものでありました。この餅はだれ、その餅はだれさんときめておいて、一つがふくれて次のもちとつながるのを、お嫁《よめ》に行くなどといって高笑いをしました。

それからだんだんと子供らしい遊び、火まわしとか名ごよみとか、松葉のすもうとか十六むさしとかいうものが、余興として続きますが、それがどれも皆炉の火と関係のあるものでした。大人が子供のなぞ立てに加わるのも、また若い者までが一つになって、昔聞いていた昔話を思い出すのもこの時刻でした。ことに昔話はいろりのまわりで、母も姉もともどもに聞いていたころのものが、上品でありました。それが片すみで二人か三人、くすくすと笑って聞くようになって、急にきたない話が多くなったのであります。

子供を炉ばたの生活に親しませることは、別に家の人々の計画ではなかったのですが、こういうことがあったために、おのずからいつまでもなつかしいものになりました。こたつの世になると彼らがまたこたつが好きになるのを、子供のくせにといってしかっていましたけれども、これもやっぱりいろりの楽しみを、まだ覚えていたからでありました。ここでも年寄りは身があたたまって、自然ににこにことといろいろな話をしてくれますが、もう以前のような明るい大きなたき火はなく、若い元気な顔をした人たちは、もうその仲間にはいってきません。家が一つになって生きていくという姿は、炉がなくなってしまうと、もう外からは見られなくなりました。

炉のかぎのいろいろ

本にも日記にも書いておかぬようなさまざまの思い出が、古い家の炉のまわりには満ちあふれていました。それをならべていくことはとてもできませんが、小さなことだと思っているものにも、思いのほかに大事な問題が隠れております。母がおいおいに年を取って忘れっぽくなりますと、よくいろりのかぎに白い紙、または布切れなどが結びつけられます。こうしておけばなくし物が出てくるといいましたが、それは単なるご祈禱《きとう》ではなくて、このかぎが毎朝毎晩、家の妻が必ず目をやるべき所だったから、それで自然に心づくことが多いようにという気持ちでありました。

かぎにくくりつけてあったものには、注意してよいものがいろいろあります。一つの例をいうと、関東のいなかでは、葬式《そうしき》にまき銭といって道々銭をまく風習があり、年寄りは自分のために早くから穴明き銭をためていました。子供が出て行ってそれを拾うと、今ではうちへ持って帰られないといって買い食いなどに使いますが、もとは使いみちがないのでやはり親に渡しました。家ではそういう銭を他のものといっしょにすることをきらって、ひもに通して炉のかぎに下げておいたのであります。旅僧とか順礼とかの門に来て立つ者に、取って与えるのが目的でありましたが、近ごろはもらい人が来なくなったので、いつまでもそれがかぎの中ほどに、ぶらさがっている家が多いのであります。

炉のかぎには[15]秋葉・愛宕《あたご》の火伏《ひぶ》せのお札などを、結《ゆ》わえつけた家もこのごろはありますが、これはすっかり新しい風習で、かぎには家の神の霊《れい》が、初めから宿ってござるものと思っていたのですから、そんなことをする必要はなかったのであります。それゆえにまた常日ごろから、家ではこのかぎを大事にしております。今でも堅い人はかぎどの・かぎつけさま、またはオカンさまなどと敬称で呼び、これに手をかける者はきまっていて、それもできるだけ静かにさわります。子供がもしうっかりゆさぶったりすると、大きくなって海の旅をする時に、船がゆれるといっていましめました。そうしてその有形《ありかたち》の普通と違うのを、相応に気にかけてもいました。老人にたずねたらいろいろの話があろうと思いますが、だれでも目につくのは、木で一尺ほどの魚を彫刻したものを、かぎの中ほどに綱で取り付けていることで、魚は水に属するから火の用心になるのだという説明もあり、またわざわざ水という文字をほった板を、魚の代わりに用いる家さえありますが、私はまだそうは信じません。むしろ絵馬《えま》のように本ものの魚の代わりに、炉の神のお目を喜ばせ申す趣意かとも考えられます。ともかくもこの魚の頭の方向は、一定していました。長崎方面では出鉤入魚《でかぎいりうお》ということわざさえあって、炉のかぎのはしは家の戸の口の方へ、魚は反対に奥の方へ、向かねばならぬものとしております。中部地方にも北向《きたむ》き鮒《ぶな》、または上鮒《のぼりぶな》とも入鯛《いりだい》ともいう名があって、どれも外からはいってくる形を予期していました。魚は平たいので、たいともふなとも見えただけで、きまっておらぬようであります。

この木鯛木鮒は、炉の神の昔の信仰を考えてみるのに、一つのよい手がかりにはなりますが、これとても改良であって、国の最初からのきまりとは申されません。つまりは毎日の生活に関係のある炉のかぎですから、次々と改良が進んだのであります。今日はジザイ(自在)というのが普通の名のようになっていますけれども、実際このかぎが自在になるまでには、相当に長い月日がかかりました。最も進んだやり方は太い竹の節を抜いて、二すじの鉄の棒とくさりを中に通し、一方を突き上げると、他の一方は重みで下がるようにしたもので、これだとよっぽど低くしても、かぎのはなは焦げず、したがって少ない燃料で物が煮えましたが、かじ屋が近くに来て住むようにならないと、こんな道具は注文することができません。それより前のものは少々は鉄を使ってあっても、やはり上げ下げに手数がかかり、またおもな材料は木と綱とで、うっかりすると焦げますから、そうそうは引きおろすわけにもいかなかったのであります。

はじめて自在などという名を教えたのは、むろん売りこみの商人でしたろうが、これをなるほど自在だと思って名にしたのは、今くらべてみるとまだ完全とはいえぬものの時からで、つまりは大きな改良以前の、小さな満足にもいくつかの段階があって、互いにくらべてみればこちらのほうが便利だということはわかるのです。しかし炉のかぎなどはいったん備えつけると、軽々しく取りかえることをしないので、今に全国にわたっていろいろの様式のものが、ならび行なわれていたのであります。ところが最近にいよいよ炉のかぎが全体に不用になってきて、

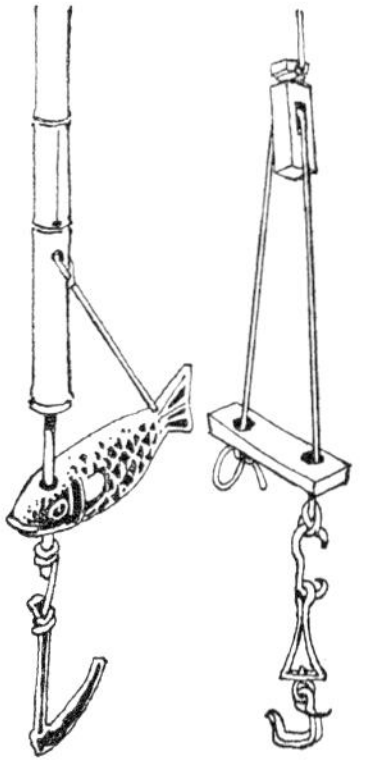
自在かぎ

その古物が方々から出てきました。これを骨董品《こっとうひん》として集めている人もありますから、その次の改良のみちを、たずねていくこともできるのであります。木だいや北向き鮒《ぶな》をつけたのもその一つですが、以前はいま少し簡単な木の板をつけて、綱をねじらせて二つの穴に通し、かぎの高さをほどよい所にとめておく考案をしました。これなどもそのもう一つ前の方法にくらべると、いちじるしい進歩には相違なかったので、したがって新しい名前が必要であったのです。長野県の西北のすみから上越後《かみえちご》にかけては、これをチュウジ、またはチョウジといっておりました。文字に書けばたぶん中使で、中世の荘園《しょうえん》時代に、領主と地役人《じやくにん》との間を往来する使いの役、後には村々の小使のようなものもそう呼んでいたところから、こういう名ができたものとみえて、また小アルキという別名もあります。すなわち炉のまん中につるしたなべややかんをひっぱって、どこでもつごうのよい所まで持っていってとまっていられる点が、また一つの新しい自在でありました。あるいはこの中使をコザルという土地もあって、その区域はコザルのほうが広いようですが、今見る形は双方それほど違っていません。さるこそは最も自在に木のそらを上《のぼ》り下りしますから、それにたとえたとしてもおかしい名ですが、なおその初めはわらの綱の結びったたまを二つ合わせたのが、形も小ざるに似ていたので、そう呼ばれたのだろうと私は思っています。秋の田んぼの稲の葉の上に、まん丸な露の玉がのぼっていくのを、小ざるというなどもこれからとった言葉で、起こりは相当に古いらしいのですが、今日はもうその意味を知っている人も少なく、魚の形をしたかぎのとめ木までを、コザリ・コザラなどという地方があるのであります。たぶんはたい・ふなを彫刻するよりも前から、すでに小ざるという名は知られていたためかと思います。

かぎから鉄輪へ

小ざるだの北向き鮒だのという、鉄を用いない自在かぎも改良だとすれば、それより前はどんなかぎであったろうかというと、それも幸いにまだ山奥の村には残っております。この本のさしえに出したのもその一つで、これは細長くて丈夫な板に、ぎざぎざをいくつも切りこんだものを、かぎの木の中ほどにしばりつけておいて、下からかぎの先の綱を輪にしたのを持っていってひっかけるので、高さはその切りこみの数だけは加減することができます。しかしこういうぎざぎざも、のこぎりがなくては作れませんから、もとはただ長い木のところどころに枝のまたを残し、そこへ下の輪をつり上げたのもあったでしょうし、いま

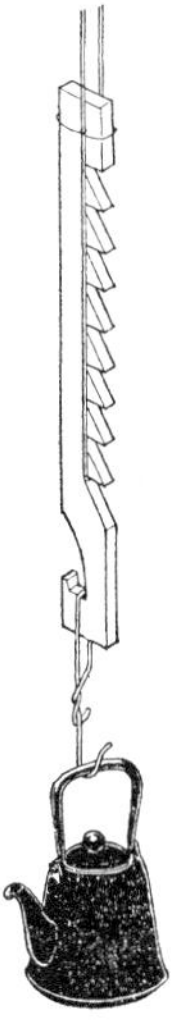

木のかぎ

一つ以前にはかぎに結びつけた綱もなくて、直接に突端《とったん》の枝のかぎになべのつるをひっかけるだけの、まったく自在でないかぎを用いていた時もあったと思います。そうしてそんな綱をつけないかぎの木も、まだ山小屋などには使われているのであります。

以前はよく伸びた木が多く、人はまたたんねんにそれをさがしまわって、自分の家の炉にちょうど合うような、長い丈夫な枝をえらんでくることができたのです。これはちょうどくわの柄《え》などにもあったことで、現在はくわの台は別の木で、それへ柄をさしこんで外をくさびでとめていますが、以前は直柄《ひたえ》といって、台と柄が一つの木で作られました。山にはいって枝の太さ、ななめに出た角度の自分の好みに合ったのを見つけると、幹とともに切って来て、だんだんにけずりとり、それにくわ先の鉄をはめこむのであります。どんなに振りまわしても柄の抜ける心配はありません。炉のかぎの木などはそれにくらべればずっと見つけやすく、ただわきへ出た小枝ががんじょうで、またからさけないようなものを切ってくればよかったのです。そうしてもし枝が順々にいくつも出ていたら、もうそれだけでも小さな自在だったのであります。

えのきなどがよくこれに使われたというのは、一つはこの小枝の多かったためかと思いますが、いつの間にかこれがめでたい木になりました。エの木・ヨの木は好木ということだそうで、その上に薪にしてもよく燃えました。ただ必要な一つの条件としては、かぎにする枝はできるだけまっすぐで、また十分に長くなければなりません。どんな小さい家でも、まん中を渡した中引《なかびき》というはりから、炉まで届くというかぎの木は相当な長さです。そうしてその中間には、どこにもこれをしばりつけるものはなかったのであります。もっとも下のかぎの端はかなり炉の表面から遠く、最初薪のほうだけで火の加減をしていたのでしょうが、たくものを倹約しなければならぬことになると、その端へまた丈夫な綱を結《ゆ》わえつけて上げたり下げたりをし出したのであります。しかも他の一方の木の先を、はりへしばりつけるということも高いはしごがいるので、すすはきのついでというわけにはいかなかったでしょう。たいていは建築のときに、特別念入りにふじづるで結んでもらっておいて、なるべく取りかえない工夫をしたことと思われます。自在かぎの改良がこれほどしばしば行なわれたにもかかわらず、なお旧家には古風な形を守りつづけていたもののあったのは、一つにはこの根本の構造のためであります。

ところが大工の技術はだんだんに進んで、新しい家ではそんなめんどうなことをしないでも、どこからかかぎが吊《つ》れるようになりました。炉のある居間には天井《てんじょう》は張りませんが、それでも火の上だけには、おおよそ炉と同じほどの、火棚またはヒアマという棚を渡して、すすの掃除に便利にしました。雪国ではここであわ・ひえの穂をかわかし、ぬれたはばきや甲《こう》がけのようなものまでもあげておきます。立って大人の手の届くほどだから、高いものではありません。そうしてかぎのさおはその棚のまん中を通して、上でいろいろの方法でとめるようになりました。くわしい構造はまだ私にはのみこめませんでしたが、岩手県の南で火げたといい、宮城県の北部でえぞかぎなどというのが、その一種かと思われます。

飛騨《ひだ》の丹生川村《にゅうがわ》でタンパ木というのは、別の木をはりに結びつけて、それからかぎを下げました。これはまだ家中で最もたいせつな木と認められ、建前《たてまえ》の日に両親のそろった人に結わえてもらうといっております。あるいはまたこの横木の、かか座の上になるほうは長く切り残してそこを福の神のいる所とし、その反対の客座の上になるほうは、貧乏神がすわるからといって、できるだけ短くしているそうであります。ともかくも家が新しくなるほどずつ、うす暗い屋根からまっすぐに下がっていたかぎの木の神々《こうごう》しさは、望むことができなくなりました。自在かぎは、自在になったかわりに、たった四五尺の短いものの名になりました。火じろの古来の規模は、まず高さから制限を受けたのであります。原因は燃料を少なくてすますこと、ことに煙のむだをきらって、家を大きなかまどの中みたように、いぶしてしまうことをさけたためであります。

また一つには女たちの火をたくことが、じょうずになった結果とも見られます。油を燈火にして別に片わきに置くようになれば、火はそう高々と燃え上がらせなくともよいことになったのです。物が煮えればよい、あたたまればよいと考えだしてから、だんだんと炭火のねうちがわかってきました。外から来る客人になるたけけむい思いをさせず、十能《じゅうのう》でホダの下のおきをかきだして客座の前にひろげ、ゆっくりとたばこを吸わせるようなのを、旦那火《だんなび》などと名づけて、お取持《とりも》ちの第一としました。

五徳《ごとく》というものの用いられ始めたのも、最初は炉の片すみで、さっそくに少しのお湯をわかすためなどであったろうと思いますが、後々はまったく今までの自在かぎをやめてしまって、まん中に大きなのを一つ、すえておくようになりました。五徳というのは商品の効能を宣伝した、商人の作った名でありましょう。中世以来の正しい日本語はカナワ、文字では鉄輪と書いております。近年になってはじめて知ったことは、この鉄輪を炉に使う地方がもう全国のなかばにもなっていることです。東にも飛び飛びにこれが見られますが、中部地方では飛驒《ひだ》の白川《しらかわ》、世間で非常に古風な土地のように思っている、あの白川の谷でも鉄輪が使われており、それからずっと西の方へおおよそ続いているのであります。これから向こうは九州の北半分まで、また四国の山村でも、今ではどちらかというと自在かぎのある炉よりも、鉄輪を使う炉のほうがはるかに多くなっているのであります。

カナワの図

そこであらためて日本人の火の利用、冬のうちどんな方式で身をあたためているかという問題を、地図によって答えることになると、近ごろはよほどまた色分けが違ってきているのであります。ガスや電気や蒸気のパイプ、または石炭・石油を西洋炉にたくことは、人がよく知っていますが、地図の上に書きこむとほんの小さな点々でありましょう。火ばちしか使わぬものが全面積の約半分、こたつも炭火しか用いませんからこの仲間に加えるとしても、まだおそらく日本の三分の二にはなりますまい。残りの三分の一以上は今でもまだ開いたいろりで、どっさりか少しか、必ず木を燃やしているのでありま す。そのまん中に鉄輪またはカナオ・カナゴという鉄器をおいて、自在かぎをやめてしまったものが現在はもうよほど多く、また年々多くなっていくのではないかと思います。その残りの炉のかぎというものが、今いったように、いろいろの種類の自在とまだ自在でないものとに分かれており、または上と下との二つのかぎを綱でつないで、上げ下げ取りはずしのできるものと、ただ一本の長い木の端のかぎに、なべづるをひっかけているものとがあるのであります。これをならべてみると、わが国の火たき場のだんだん変化してきた順序は、ざっとわかります。そうして東京都の中のように、わずか一日で歩けるほどの区域内でも、このすべての段階のすべての標本を集めてみることも、今日はまだできるのであります。

おかまとへっつい

いろりがだんだんとすたれてきて、そのかわりにかまどが現われてきたように思うのは、誤りであります。古い記録の中に出ているのは、へついとかまどのほうがずっと前からです。炉はその文字からでもわかるように、元来が支那の言葉の採用でありました。それで名前とともに物も外国からまねたものと、想像する人がないとはいわれませんが、これは大昔の世からなくてはすまぬもので、ただ知らない間に名だけが新しくなったのでありま す。ロという言葉のはじまる前には、火ドコというのがその古い名ではなかったかと思います。日本海の沿岸地方では、西は山陰から東は越後にかけて、今では飛び飛びにこの名が行なわれております。あるいは火ジロというのも一つの名だったかと思われて、東京の近くでは山梨・長野の二県の一部から、これも飛び飛びにずっと南の方の島々まで、炉を火じろといっている所があります。シロは苗代《なわしろ》や網代《あじろ》などのシロも同じに、火をたくべきところという意味がよくわかるのですが、後々支那の語を知った人たちが、ロの音に耳をとめてそれに注意をしはじめたことは、ちょうどまた人がすわるからイルイなどといったのを、ぜひとも囲炉裏と書かねばならぬように、思ってしまったのと同じでありましょう。ともかくも火をたくということだけは一つでも、炉とかまどとは二つ別のもので、どちらもなくてはすまなかったのであります。

目的は今でもはっきりと区別することができるのです。すなわち炉のほうはただ火をたいてあたるところ、したがって冬の寒い時だけにしかいらぬわけですが、その以外にも儀式として火をたくべき日があり、ことに夜分に集まって起きていなければならぬ時には、あかりのためにも燃やす必要がありました。沖縄《おきなわ》の島々などは、一年中火にあたるほどの寒さは知らぬのですが、それでも大きな家には必ず正式の火じろがあって、それをお火ばちともいっております。ここで火をたく必要の最も多いのは、お産の時などでありました。子が生まれるとすぐに火を燃やして、汗がたらたらと流れるまで大きな火をたきつづけます。そのためには親類の人々が薪を持ち寄ってきて、代わりばんこに火の番をすることになっております。

火ばちの図

これに対して他の一方のかまどまたはへっついのほうは、いうまでもなく食物を煮たきする所で、何も煮るものがないのにここで火をたくことは、よくないことのようにいう人さえあります。もちろんその食物というのは正式の、神にも供え申し、人々とともに食べるもののことで、一人が臨時に勝手に食べるものなら、炉の火でも、または外のたき火ででも焼いていたでしょう。しかし少なくともあらたまった食事だけは、かまどで調理しなければ価値がないようにもとは考えられ、一つかまどの物を食べるということは、一家一門の者のことでありました。そのためにまたこの火を清く保つということに、ひととおりならぬ苦心をしました。黄泉戸喫《よもつへぐい》という神代《かみよ》の物語は、皆さんはもう聞いて知っておられるでしょう。このかまどの火がけがれると、その食物を食べた人と、ただの人とは、つき合うことができなかったのであります。家に喪《も》のある人だけはぜひに及びませんが、他の人々は厳重にこれとかまどを別にし、またけがれてきた人が清いかまどに近よることを警戒しました。今でもいなかを歩いてみますと、たとえば九州の南の方とか、東海道の山に入りこんだ村々などでは、かま屋と称してかまどのある小屋だけを別むねに、家の片わきに離して建てています。これはまったくかまどの火をけがすまいとする心づかいでありました。家屋の建築が大きくなって、何もかも主屋《おもや》の中へ入れるようになってからでも、かまどは人の出入りの多い上がり口から遠くに置いて、できるだけ素性《すじょう》のわからぬ人を寄せつけまいとしております。近ごろはこの用心もだんだんゆるんできましたが、それでもまだ気にかけることがかまどのほうに多いのは、起こりはまったく火のけがれを防ぎ、神にも先祖にも供える食物の清浄を、防衛しようとした習わしからでありました。しかもおいおいと人の暮らし方があらたまり、ことに飲食の

かまどの図（信貴山縁起）

種類や回数が多くなってくると、かまどの火ばかりをあてにしてはいられなくなって、その一部の役目を居間の火どこのほうへ分けることになり、炉のかぎがおいおいといそがしくなり始めました。いいもとか団子《だんご》とかを灰の中にほうりこみ、またはくしにさして魚をあぶるなどということは、早いころからただのたき火のそばでもしていたでしょうが、なべとか鑵子《かんす》とかのつるをさげて、かけたりはずしたりするものが、盛んに使われるようになったのは後のことかと思われます。たとえばお茶を煎じて飲む風習も、今とはだいぶこしらえ方は違いますが、ともかくも鎌倉時代の初めごろから、ぽつぽつと流行しだしたといわれています。それより以前には、わざわざ湯をわかして飲むことはたぶんなかったので、飲食のための炉を使うことは少なかったでしょう。

それよりも大きな変わり方は、なべで今日のようなご飯がたけるようになったことです。これはせいろうを用いた蒸《む》しものの飯《いい》よりも、ずっと方法が手軽ですから、最初はたぶん仮小屋の生活をした人々が改良したものでしょうが、彼らは必ずしも米を食べるとは限りません。必ず米を食事にしたと思われるのは、狩りの日または宮木《みやぎ》切り、それから戦争の陣屋《じんや》の中に日を送るときなどであります。陣中には、こしきやせいろうをたずさえることは不便なので、いわゆる男炊《おとこだ》きの飯はおいおいと改良され、後にはかゆでもみそうずでもないしっかりとした米の飯が、炉の火でもたけるようになって、これを普通の飯と見るようになったものと、私などは想像しています。皆さんもこれから気をつけてごらんなさい。

米の飯は、昔からの常食といわれているにもかかわらず、そのたき方が地方によって、おかしいほどもいろいろと変わっております。すなわち近世の普及であった証拠《しょうこ》かと思います。

戦時中節米の運動が始まって、新たにまたいくつかのたき方が考えられたようですが、その以前にも、少なくとも四通りを私は知っています。そうしてその中のいちばん新しい方法が、羽のついたかまに重い大きなふたをのせて、かまどにかけてたくいわゆるかまの飯であります。すなわち今日の米の飯は、いったんへっついを別れて炉の上で発達したものだったのが、もう一度またもとの場所へもどってきたので、その留守《るす》の間に日本のかまどは、形や構造やあり所までが、大きな変化をとげていたのみか、これに対する家の人の考えまでが、よほど以前とは違ったものになっていたのであります。今日の状態では、炉があればかまどはいらぬと思う者と、炉はなくてもかまどさえあればよいと思う者ばかりが多くなって、二つの物はなんだか二重のように感じられております。そうしてだいたいには炉のほうはだんだんと少なくなり、かまどはまたもう一度、大きな改良を受けようとしているのであります。

庭かまどの変遷

新しく建築される日本の家では、土間《どま》のまん中にかまどを築くものが、もうしだいに少なくなろうとしております。これは地面が小さくなり、建坪《たてつぼ》いっぱいにゆかを張ろうとすることも原因の一つですが、それよりも大きな理由は、何のために庭かまどをこしらえておくのかを、説明することができなくなったからであります。京都や大阪の昔からの町家、または東京でも大正の大震災前までのものには、ずいぶんきゅうくつな思いをしても、なおかまどを土間の向こうの壁に寄せてこしらえたものがいくらもあり、それへの出入りをする人のために、まるでうなぎの廊下のような狭い長い通り庭が通っておりました。なんでそういうふうにしたものかは、これだけを見てはわかりませんが、つまりご飯をたくかまどを引き離して内庭に作らないと、本式の家でないような感じが、長く残っていたのであります。

京都だけは千年以上の古い都でありますが、その他の日本の大都会は、どれもこれも新しいものばかりです。わりに古いほうでも三百年か四百年たらず、それも初めのうちはひろびろと、いなか同様の住居をしておりました。今でも府県の小さな都会で、家の間口《まぐち》の十分に取れるところでは、農村の旧家にも負けぬようなりっぱなかまどを内庭に置いて、それを光るほどみがき上げております。最初のおもな市民は、皆そういう大きな百姓の引っ越して来たもので、ことに隣どうし知らぬ人が住むようになると、これを以前の生活の記念物として、いつまでも保存しておいて見せたかったのであります。燃料をどうして手に入れるかということが条件でありますが、ともかくも町の建てこんだ家々の中で、この庭かまどを維持していくことは、早くから決してそうつごうのよいものでなく、いわば古くからのしきたりを守っているというにすぎませんでした。

ところが一方に農村・漁村の方では、かえってこの庭かまどのなくてもすむ家々が、以前もたくさんにあったのであります。昔の言葉では総称してこれを小屋《こや》といいました。小屋は必ずしも建物が小さいというだけでなく、これに対する大屋《おおや》というものが中心にあって、祭りや祝い事は必ず共同で行なうので、正式の食物は皆その大屋に集まって、そこの庭かまどで調理したものを食べますから、別々にかまどを備えるには及ばなかった家であります。分家《ぶんけ》・しん屋・へや・隠居《いんきょ》などという、一門のまわりに住む者も、もとはたいていはこれであり、その以外にも名子《なご》とか門屋《かどや》とかいう出入りすじの者も、この小屋でありました。遠い田畑や山林に仮屋《かりや》をかけて、臨時に出て働いている者ももちろん帰って来ました。大屋・本家の庭かまどの役目は、儀式のある日にはなかなか大きかったのでありま す。炉のかぎになべをかけて今のようなご飯をたくことができなかった時代には、正月の節供《せっく》などの祝い日でなくとも、本家で食事をする機会がずっと多く、めいめいの小屋ではいたって簡略な、飯ともいえないようなものしか食べていなかったことと察せられますが、そういう時代はあまりにも遠くなって、もう思い出すこともできなくなりました。ともかくも炉の火の利用がだんだんと巧みになってくるにつれて、この庭かまどの世話になる程度が、しだいに少なくなったことは事実であります。

第一にはふかし物といって、せいろうで蒸して作った強飯《こわいい》を、神にも供え先祖にもまた人々をも、もてなす度数がめっきりとへりました。餅だけは一年に少なくとも一度、本家に集まって庭かまどを使う日が、今でもまだ慣例として残っていますが、このほうはむしろ新しいことで、以前はめいめいの小うすで穀物を粉にはたき、それをこねたものをゆでたり焼いたりしました。ただ正月の餅だけをにぎやかに、またはなばなしくつかねばならぬように思っているのは、おそらくは昔の正式の食事のなごりでありましょう。

第二の変わりとしては、かまどを使わずとも少量の蒸し物ならば炉でもできるようになったことです。平なべに湯をわかして、そのまん中に足のついた桶甑《おけこしき》を置くと、湯気がこしきを通っておこわをふかすことができます。飛驒《ひだ》の山村などにはそういう方法が行なわれていることを、私はこのごろになって知りましたが、これはよっぽどむだの多いやり方で、また極度に炉の火を大きくたかなければなりません。そうしてまたそのようにまでしてかまどを倹約しなければならぬ必要が、昔からあったろうとは思われません。以前のかまどの構造は粗末で、今よりもずっとその火たき場に似ていたようですから、あるいは古い方法を炉のほうに採用したのかもしれませんが、少なくともこれでは、大きな一門の共同の食物はこしらえられません。だからまた遠く出作《でづく》りをした分家百姓などで、本家の庭かまどにたよらずにいこうとした者の、新しく考え出したものが普及したのであろうと思います。

しかも他の一方にはかまどの利用も進み、またこれを作る手続きも簡便になって、新しく内庭にかまどを設ける家が、おいおいと多くなってきたのであります。ことに新しい時代の分家には、最初からかまどを備えて与えることが普通のようになり、これと本家の格式とは、何の関係もないもののように考えられました。東北地方でも北のはしへ行きますと、分家をすることを「かまどを立てる」といい、本家をオヤカマドというばかりか、分家を家来かまどという言葉さえできています。たぶんはこの方面では、カマドというのが新しい名前で、こんな小さな家々にも用いられるような小型のかまどだけを、そういうことになっていたためだろうと私は思います。もちろんそういう家でも、今までのとおりに炉で煮たきをすることはやめなかったでしょうが、ともかくも二つは目的がごく近く、燃料のつごうか何かで、炉にしようかかまどにしようか、どちらか一つあればよかろうと思う人が多く、ついに炉をつぶしてかまどばかりにした家が、だんだんふえてきました。その原因の一つは、まったくこの改良かまどの普及にあったのです。もちろん他にもいろいろのわけがあったことはこれから申しますが、かまどがもし昔のとおりの重々しいものだったら、いくらたくものが不足してきても、そう手早くはいろりをなくしてしまうことができなかったはずであります。

このかまどの改良は近世のもので、今ならばまだ皆さんも、その変わってきた実地の道すじを見ることができます。庭かまどという言葉なども、元来は別むねのかま屋から主屋《おもや》の内庭へ持ってきたための名だったろうと思われますのに、現在はこれをゆかの上に置くかまどに対するものと解し、または不幸とか大事件のあった時だけに使うもの、あるいは臨時にこしらえて用がすめばくずしてしまうものに限るかのように、解している地方さえあります。そうでなくとも非常に大きな、常には入用がなくてくもの巣でもはっているのが、すなわち庭かまどだと考えられていますが、これが実は最も古い形の、どうやらこうやら伝わっているかまどでありました。これにも少しずつの改良は加わっていますが、ともかくもそう毎日の入用もないのに、まだ古風な家ではこれをやめきらずにいるところに、隠れた何ものかがあるのです。

寒い国々の馬を飼う農家では、粉ぬかやはぎの枯れ葉などを白水《しろみず》にまぜて、ここであたためて馬に食べさせるので、これをトナガマなどと呼び、ほとんどそのためにこしらえてあるようにも思っていますが、たとえ回数は少なくとも、これよりももっと重要なことに、同じかまどを利用するのが普通であります。たとえば年に一度のみそまめを煮るにも、餅をつくにも、赤飯をふかすにも、または大きな客をする日のご飯をたくにも、かまこそ取りかえるが同じかまどを使い、よほど大きな家でなければ二つはこしらえてありません。そうしてまた牛馬を飼わない村々にも、しばしばこの大かまどはあるのであります。

古い構造のものもさがせばきっと残っていましょうが、中部以西の最も普通のかまどというのは、現在は三つかまど、少し福々しい家では五つかまど、まれには七つかまどというのもあって、それが一続きの扇なりに連なって、一人で火の番をしながら皆たけるようにできています。穴が三つだと飯がまと茶がまとなべですが、五つ以上になれば一方のはしの一つは一段と高く、また直径のずっと大きいかまをかけて、みがいておくだけでふだんの日は使いません。これが上代以来、ヘッヒの名で尊ばれたたいせつな食事のかまどであって、そのほかは便利のために後から次々と、つけそえられたものであります。便利な点はいくつでもありますが、火の管理者の手がはぶけるだけでなく、時々は立ってまわりの用もしていられます。それほど火の用心はよく、また燃料も節約することができました。だからいろいろの食べ物好みさえしなければ、この場所一つで毎日の用はたりて、いわゆるいろりはもう一度昔にもどり、人がただすわって火にあたっている所になって、夏春はもちろん冬のさ中でも、外で働く人の多い家では、ここを冷たい灰だけにしておいてもよく、火どめの苦労はほとんど無用になったのであります。それというのもホクチにイオウ、ことにマッチというような手軽な発火法が始まったおかげではありますが、なお庭かまどが以前のままの大きな動かしがたいものであったら、そうして一方にはま

五つかまど

た炭というものが、こんなにたくさんに出てこなかったら、今日のようにいろりとはどんなものか見たこともないという人ばかりが、多くなってはしまわなかったでしょう。つまりはいろいろな原因がいっしょになって、私たち日本人の火の利用法を、変化させているのであります。

こんろになるまで

その原因を一つずつ、気をつけて見ていくことは、人生を学ぶためにも必要であります。かまどは二千年以上の大昔から、今まで続いて行なわれている日本語でありますが、名はもとのままであっても、いつの間にか、ものはよほど変わりました。最初はたぶん居間にあるいろりと、形はそれほど変わらぬ火たき場であって、ただこっちは食物の調理のために、何か簡単な装置《そうち》がしてあっただけの違いかと思います。かまどのカマもまたへついのへも、ともに煮たきをする器物《うつわもの》のことのようですから、たとえば三本の石を中央に立ててかまをのせる台にするとか、または鉄輪《かなわ》のもとになるように丸い輪を石で作って、火の上に置いていたかもしれません。今でも野外で物を煮ようとするとき、または葬式などのときに臨時のかまどを設けるには、三本の木を上のほうでくくって足を火の上にひろげ、綱をその結び目からたれてなべなどを下げますが、これと近いような方法も、もとはあったかもしれません。炉のかぎも初めはかまどの上に下がっていたのが、だんだん炉のほうに属するもののようになったとも考えられぬことはありません。

ともかくも前にはこのかまどのまわりにも、人が集まって火にあたることができたようで、ただ最も明らかな差別としては、こっちでは炉のように主人が出て来て、横座にすわるということは絶対になかったのであります。一方がぬくみをとり、あかりをとるのを、おもな用途としたのに反して、こちらは、いま一つのたいせつな目的があるのですから、この違いの生ずるのはあたりまえであります。

飯の煮たきの目的からいいますと、この旧式のかまどにはいくらでも改良する余地があったのであります。それで第一に煙があまりにもれず、また火の子が散らぬように、土をねって周囲をかこうことがまず始まり、次にはその閉じこめた中でもなお薪がよく燃えて、火力が十分に上がるように、あるいはかまどの口の広さ・高さ、または内がわの曲がりや底の傾斜などに、人知れぬ苦心と経験が積み重ねられました。この土のかまどの上にかけるために、なべのおしりのかっこうなども変えられたことと思います。ことに感心なのは、ツバガマともハソリガマともいって、かまの中腹につばをつけて、それでぴったりと火力の外にもれるのを止めた工夫ですが、そのかわりには、その下で火をたく技能が、また一段とむつかしいものになりました。おかまにはどうして羽があるのか、取手にしては少し大げさなようだと、ふしぎに思う人があるかもしれませんが、あれはある時代のかまどの改良につれてできたもので、それが近ごろではふたたびまた必要がなくなりかけているのです。

庭かまどが昔のままでは、不便だということがわかってからこのかた、日本人くらいその改良のために骨を折ったものはありません。それでいて今日はまだこれに限るというものがきまらず、種類はだんだんと多くなっていく一方なのです。だれでも自分の家のご飯のたき方が普通のもので、よそもたいていはこのとおりだと思っていると、とんだまちがいになるのであります。それというのが毎日の入用に追われて、十分な実験をしてからきめるというわけにいかず、つい手近のものをまねてしまって、いつも少しずつの不満足を感じているためかと思います。だから本当の改良をなしとげるには、もっと広く遠く知らなければならぬのであります。

だいたいに商人や専門の職人がこの改良に参加するようになってからは、だんだんともったいぶったこれに限るような名をつけるものが多くなりましたが、その以前にもやや新しい方式を採用するときには、なにか今まで使わなかった名を使って、新旧を区別する風《ふう》があったようです。かまど・へついなどは古い言葉で、もとは同じものであったかと思うのに、それを新しく改良がまだけの名として、用い始めたらしいところがあります。東北で分家をカマドというのは、小型のかまどでどこにでも置けるものだけを、この地方でそう呼んでいた結果であろうということは前にも申しました。クドもこれと同じように非常に古い言葉なのですが、ある地方では昔からのかまどをそう呼び、またある土地では新しく改良された小さい土ぬりのかまどだけを、そういうようになりました。そうして一方には別に、いろりのまん中の火をたく部分を、ホドという語は残っているのであります。

ホドもクドももとは一つの語に違いありませんが、今では二つがまったくちがったものの名になりました。これも奥羽地方のかなり広い区域にわたって、いわゆるいろりをヒホドという言葉が、かまどをクドと呼ぶ名と二つとも使われています。それが発音がむつかしいために、しばしばシボト・シビト・スビトなどという人があって、歌や文学にも出てくるスビツという語と近くなっています。そのスビツももとは炭びつではなくて、やはり火をたくだけのホド、すなわち火ホドをなまったのではなかろうかと、私などは考えているのです。

ともかくも現在のクドもカマドも、またオヘッツイなどという言葉も、ともに昔からの日本語ではありますが、その形や大きさやあり場所はほとんど皆改良され、しかも土地ごとにかなり違っているのです。人が互いに気づかずにいることは、その改良が思い思いで、もうこれ以上のものはないというところまで到達してはいないことです。一つの例をあげますと、かまどのたき口は今でもまだ向こう側にあって、茶の間の方へ背を見せているものが多く、あるいは炉ばたの主人の横座から、かまどの火の見えるのはよくないという言い伝えさえあります。ところが女たちの手のたらぬ家では、そんなことをしておいたら火の監督ができず、不便で困るので、近ごろはこちらを向けるようになりました。ことに都会の住宅などは内庭が狭く、とても向こうへまわってたくほどの余地はないので、むしろかまどのほうを板の間の端へ持ってきて、土間に立っていてたくようにしたものと、それからいま一つはたき口を上の方に向けて、すわっていてたけるようにしたものとができました。同じ一つのかまどのすえ方ですら、もうこのとおり裏表の二通りになっているのです。

それから三つかまど・五つかまどがずらりと扇形に並んで黒いしっくいでぬり固められ、朝晩拭《ふ》きみがかれるのが普通になってくると、これがなくては一軒の家の体裁を備えぬもののように、考えられた時代がしばらくは続いて、いわゆる一つへついは長屋暮らし、貧しい落ち着かぬ生活の看板のように軽しめられておりました。ところが庭かまどの最初は皆一つかまどだったばかりでなく、最初に家を持つ新しい家庭でも、そんな大がかりな三つ五つのぬりかまどなどは、用意する者が一軒もなく、かまどはまず一つのものと、ふたたび相場がきまりそうになってきました。これがこのさきどうまた変わっていくか、今日のところではまったく不定であります。したがって人が、一国全体のために考えてみる余地は、十分にあるのであります。

以前は庭かまどが大きくて、めったに場所を変えることができなかったとは反対に、今日のかまどは初めから勝手に動かすようにできていること、これだけは一つの著しい違いであります。私などが物を覚えてからでも、家々の一つへついはなおくど屋に頼んで作らせていました。それができあいの商品となったころから、さらに土製だの金製だの便利なかまどがいくらも買い調えられるようになって、引っ越しにもそれを持ち歩くようになり、かまどは家屋の一部分ではなく、単なる家財道具の一つになりました。土間《どま》・内庭《うちにわ》というものの最初の用途は、半分は夜の荒仕事のため、残りは煮たき場を常の座所から引き離すためでしたが、それが両方ともだんだんと不用になって、後にはただはきものをぬぐ場所が少しあればよく、あまり広いとねずみやねこの運動場にしなければならぬ家ばかり多くなりました。一つのものが変わると次のものがまた変わります。それを変えずにおくとまたいろいろの不調和が起こるのです。ちょうど変わっていく境目に生まれ合わせた者は、いやでも目の前の歴史をよく見なければならぬのはこのためであります。

もちろん私たちはこのほうが便利だから、またはそうせずにはいられぬから、人もそうするから、そのとおりをまねたので、これで結局は損でなく、かつだいたいに前よりも楽になっていることと思いますが、すべての生活改良というものは、広くすみずみの影響までを考えつくしたものでなく、またこの次の事情の変化を勘定の中にも入れてもおりません。しかもその改良を促《うなが》す根本の原因は、まだまだ長く力強く続いていきそうなのであります。火の昔でいうならば燃料の制限と配給の故障、またはこれを管理する人の手の不足などは、すでに数百年も前から始まっていて、これからさきざきもまだちょっともとへもどりそうにもないのであります。改良はなお幾度かくり返され、人はまた改良に先立つ不便を、そのたびごとに味わわなければなりません。その覚悟と用意とのためにも、皆さんの知っておられてよいことは多いのです。

漁樵問答

そこで今度は一つ方面をかえて、木こりという山で薪を切って暮らしていた人たちが、だんだんと炭焼きに変わってきた道すじを話してみましょう。最初私たちの先祖が村を開いて住んだころには、必ず飲み水をどこからくんでくるかを、確かめてかかったと同様に、燃料が手近に得られるということを見きわめた上でないと、安心してそこの人となることはできませんでした。古い村里はたいていは山や丘のふもとにあって、自由に薪を取り、またおりおりは建築や道具の用材までを切ってくる場所を、周囲にひろびろと今でも持っているか、もしくは持っていたあとがあります。これを村山・垣内山《かいとやま》、その他いろいろの名で呼んでいましたが、関東平野などでは東京の近くまで、一般にこれをサンヤといっていたようであります。今では山谷だの三野だのと書いて、もとの意味がわかりにくくなっていますが、たぶんは散野と書くのが正しく、それを山野とも解していたかもしれません。

東京近くの散野は平地続きですから、人が多くなるとすぐに田畑に開かれ、または住宅地や交通路になって、末には市街に編入されたものも幾つかあります。こうしてたきぎ取り場をなくしてしまった村が、近世は非常に多いばかりでなく、初めからそういう自分の燃料のないのを承知で、どうにかなるものと思って新しく立てた村や町が、他にいろいろのつごうのよいことがあったために、かえっておいおいと繁盛《はんじょう》してきました。最初しばらくのうちは入会《いりあい》といって、近所の広い野山を持った村に頼んで、そこへめいめいのたく物をとりに行かせてもらうことにしていましたが、それは行き帰りも難儀《なんぎ》であり手数も多く、第一にそういう他村の野山も遠く狭くなるばかりなので、ここにはじめて、お金を出して、しばやたきぎを手に入れるということが、必要になってきたのであります。

昔話の桃太郎のおじいさんなども、もとは時々自分の家にたくものを、刈りに行けばよかったのですが、後にはだんだんとそれを大きな束にして、朸《おうご》の両端にさしたのをかたげて、山から里へ持って出ることになりました。これがわずかな米や塩にかえられるので、この人たちにも便利なことが多く、町は四方の奥在所《おくざいしょ》から、こういう貧しい木こりの翁《おきな》などの、集まって来る場所となったのであります。

漁樵問答

支那でも漁樵問答《ぎょしょうもんどう》といって、

山からたきぎを売りに出た老人が、海川の魚類をになって来る者と行き会って、路の側で話をしているところを絵にしたものが、早くからもてはやされております。これが都会の新しい風景であった時代があるのであります。こういう人たちは、正直で欲がなく、少しばかりのかわりを得ると満足して、帰りには一ぱいの酒をひっかけて、鼻歌などをうたって行きました。それがまた昔の人にはおもしろかったので、貧しいじいさんが宝の子をさずかり、または小犬に金銀を掘り出してもらったり、すずめに軽いつづらを背負わせられたりして、しまいにたいへんな金持ちになる話を、たいていは山へしば刈りに行くようなじじのことにしていたのであります。あるいは漁樵問答が絵になったように、こうして少しばかりの魚やたきぎを売りに来たころが、ことに昔話の多く語られた時代だったのかもしれません。

豊後《ぶんご》の野津市《のづいち》の吉右衛門《きちえもん》というおどけ者は、うまくしば売りをだましてしばをただもうけしたなどという、笑い話を残しております。買うから持ってはいれという。たきぎをになったままで、例のうなぎの廊下のような内庭を通って、裏口へ出て荷をおろそうとする。そこで法外に安い値《ね》をつけるので、しば売りは怒ってまた出て行ってしまう。その行き帰りにしばがぶっつかって折れてこぼれる。それをはき集めてまずきょう一日はたくものができたという話。これなんかはもちろんうそ話ですが、そういう細い木の小枝までも、しばにしてたこうという人がそのころはあったのであります。

山野を近くに持たぬいそがしい人たちは、だんだんとたきぎの不足を感じてきました。京では16大原女《おはらめ》が頭の上にしばをのせて、売りに出たことはだれもよく知っていますが、このの大きな都が、あればかりのものであたためられていたはずはありません。これはただこのようなわずかなしばの枝までも、求めようとする人があったというだけで、たとえ十分とはいわれぬまでも、別に本式の燃料を供給する方法は備わっていたのであります。

その方法が私たちの知らずにいるうちに、少しずつ変化してまいりました。だいたいに遠く遠くと運んで行くようになったのが、近世の交通機関の発達でありますが、そんなことのできるのは、土地によって燃料の値段に非常な高下《こうげ》があるためで、どこでも役に立つものをわざわざ遠方まで持ちまわるということは、国としては大きな損だったのです。以前はそれゆえにできるだけ近まわりの、何でもあるものをたくようにしていたのですが、それではどうしても追いつけぬことになりました。

都でいうならば宇治《うじ》のしば舟、大原のしば車に北山の牛、そういうものが絵にもなり歌にもよまれているうちに、一方には日ごとにふえていく居住者のために、もっと安全な燃料の供給をする計画が、着々と進んでおりました。それも事情の変化がありまして、いつまでも古い一つの方式を守っていることができず、次々と新しい種類の燃料を確保することばかりが問題となり、以前はどうしていたかを考えてみるひまが、まだなかったのでありります。

都会の住民たちは、昔からたきぎには苦労しました。それというのが家のまわりに、冬はたくものを山のように積んで、冬ごもりをしていた人々の子孫だからであります。日本は幸いにまん中を山脈が通り、それから流れ出す山川は皆早瀬《はやせ》で、水に浮くものを運ぶにはつごうのよい国でありました。多くの有力者は川上《かわかみ》にたきぎ山を持ち、または下流の岸に近く、めいめいの町をおこしました。あるいは山奥の住民の年貢を軽くして、入用の木を税として流させました。金銭でたきぎを買わなければならぬ人たちも、多くは合同して年々の山を買いとり、山子《やまご》をやとって切らせ、そして流させました。木には木印《きじるし》、または山印《やまじるし》という刻印《こくいん》が打ってあって、一つの川をごたごたに流れて来たものでも、見分けてめいめいの所に引き上げることができました。東北地方に行ってみると、普通にこの流し木のことを春木《はるき》といっております。冬は川の水が細くなって、思うように流れて来ないので、春の雪どけの出水の時を待ったのでしょうが、もうそろそろと入用の少なくなるころで、買ってたくわえておくことのできる人ばかりに、つごうのよい季節でありました。春木の長さは三尺がきまりで、積んでおくのにはこのほうが便利ですが、今ではこれを半分にひき切らずに、このままたけるような炉やかまどは、町にはありません。すなわち古くからの約束が、まだ改まらずに残っているのであります。

そうかと思うと越後の蒲原《かんばら》平野などの流し木は、コロといって短い太いものでありました。それが枝川をはいって村々の小さい溝川《みぞがわ》まで、ころころと流れて来ます。村でもこの地方は少しもたきぎをとる散野《さんや》がないからであります。もとはこういうよいたきぎを取り寄せる家はきまっていたので、木印さえ打っておけば自然に届きましたが、今ではたく人が多くなり、毎度まちがえて拾われてしまいます。流し木には番人がついて、山から木といっしょに川の岸を下って来なければならなくなりました。たきぎを山で買ってめいめいに取り寄せることはめんどうになって、木屋の手を経てこちらへ到着してから買う者が、だんだんとふえてきました。目方にかけて金を払うので、このほうはかけ木といっており ます。山にはいくらでもあって値の安い木でも、こうしていろいろの手数がかかるために、おいおいに高くなりました。それに季節をかまわずに流して来ようとすると、川でなくしてしまうものも非常に多かったのであります。水が少なくなると方々の岩にひっかかりますし、大水になると海へ出てしまい、またそちこちの砂に埋もれてしまいます。

前年私は吉野川の岸を伝って、土佐《とさ》から阿波《あわ》のほうへ歩いてみたことがありますが、あの川のほとりの村々では、とうぐわを持って川へ降りて、砂の中から古い流木の埋もれたのを拾っておりました。そうして皮がむけて両端の丸くなったような木が、普通のたきぎと同じに、どの家にもきれいに積んでありました。桃太郎の昔話もこの辺へくれば、「じいは川へしば掘りに」といわなければなるまいと、ひとりでおかしくなって笑ったことでありました。

わらとわら灰

実際にどうして燃料を手に入れるかについて、この吉野川沿岸の農村ほどの心がまえすらも、持っていない人が多くなってきていたのであります。川にしば掘りに行くじいさんたちは、もとはこれでも薪山《たきぎ》を持っていました。それがおいおいに開墾《かいこん》されて、燃料の不足を感じはじめたころから、一方には川へは主《ぬし》のない木が流れてくるものだということを経験して、少しずつそのほうへ乗りかえていったのであります。ところが世の中には最初から何のあてもなしに、ちっともたきぎのない所に住んでみようとした者がだんだんとふえてきたのであります。そういう中でもいちばん向こう見ずであったのは、海沿いのひろびろとした埋立新田《うめたてしんでん》で、これには役人までが世話をやいて、遠浅《とおあさ》の干《ひ》がたに潮よけ堤《づつみ》を築いて、たくさんの農民をその中に住ませました。

昔は日本の海浜には松の林が多く、村はぽつぽつとその間にできていたので、燃料などは問題にするに及ばなかったのでしょうが、塩を潮水から直接に取るような風習が行なわれ、それもちっとやそっとの分量ではなかったために、たちまちのうちにその松の木は切りへらされて、よほど手当てに注意しないと、海辺の山や丘ははげて土が流れ、景色はよいかもしれないが岩ばかりになってしまい、松葉でもかき集めないと、たくものがないというようになったのであります。ましてそれからまた外のほうへ、何百町というほどの広い田を開いたとすると、そこでは燃料が大きな問題になるのは、初めからわかりきったことでありました。これはまったく水や日の光と同じように、燃料はどこに行っても得られた古くからの習わしが、農民を安心させていたためでありまして、牛の糞《ふん》までほしておいてたくような国だったら、早くからさわがずにはいられなかったことであります。

古い村里では新田場《しんでんば》と違って、屋敷の地面を幾分か広く取って、まわりにいろいろな竹木を茂らせてありました。これはまったくたきぎ山がないか、または遠くて取りに行かれぬような平野の村々を開く場合の、一つの用意であったかと思われます。それでたきぎというほどのりっぱな木は得られなくとも、何でもそこいらにあるものをたけといった、昔話のおろか息子のような笑話なども生まれたのであります。

北国の農村などでは、もとは田と田の間にはんの木などを一列に植えて、秋は刈った稲をその木にかけ、枝をおろしてはたきもののたそくにしていましたが、それもこのごろは日かげになるといって切らせてしまいました。あるいはカクマと称して川の曲がり目などの不用地にはえているかやや雑木《ぞうぎ》を、刈り集めてきてたくということもあって、山形・秋田あたりではこれを川隈《かくまが》刈りといっていました。

山でがさごそきつねかたぬき
なんのきつねだべかくまがり

こんな笑い歌も残っていますが、今では水すじがきれいに整理されて、山まで行かないとそのカクマも刈れなくなりました。買えばいいじゃないかという人があるかもしれませんが、こういう土地にはもとより薪炭商《しんたんしょう》はなく、また多数の住民は買うような経済ではなかったのであります。

こういう不自由な境涯《きょうがい》にはいって、新しくまた一つのいき方を始めたのは、日本人の長所であります。他にたくものがなければ、わらをたくのはあたりまえのようなものですが、今までの火たき場の構造では、これを十分に利用することが、実はできなかったのであります。わらは燃えやすいからたきつけにはつごうがよく、急に大きな火にするにもこれをたけばよいということを、昔の人はよく知っていましたけれども、炉にくべることはまったくしませんでした。こんなうち開けた火じろでは火力がまとまらず、ゆっくりとあたってはいられぬのみか、人がつききりにたいていても、物を煮ることなどはできないからであります。

新田開発《しんでんかいはつ》がわが国の米作地を、倍にもそれ以上にも広くしたのは近世のことですが、ちょうど同じころから、急に炉が少なく、かまどの改良したものが多くなったのは、わらで米の飯をたくことができるようになったためであろうと、私は思っております。こしきやせいろうで蒸し上げるような強飯《こわいい》であったら、いくらかまどでも、わら火ではできなかったかもしれません。したがって飯のたき方のすでに改まっていたことが、条件であったともいわれましょうが、ともかくもわらより以外の燃料を得られなかった人たちが、飯を必ずかまどで煮るものとしたことだけは疑いがありません。そうしてまたそのためにかまどとたき方とを改良して、ご飯を今日のようにふっくりと、やわらかでおいしいものにしたのであります。

かまどの改良には、前にも述べたつばがまの発明を初めとして、火の回りをよくする細かな心づかいがいろいろとあったようですが、それをくわしく説明することはまだ私にはできません。だいたいに昔の庭かまどよりはずっと小型にして、弱いわらの火でもよく届くようにしましたが、家内の人数がもう以前よりは少なくなっているので、それでちっともさしつかえがなかったのであります。ただそのために火を管理する女性の技能が、新しい方面に向かって進歩しなければならぬことになったことは確かであります。わらはだれでも想像できるように、すぐに燃えてしまうので補充しなければなりませんが、むやみに詰めこめば口がふさがっていぶってしまいます。それをころ合いの小さな輪にわがねて、ちょうど燃えきろうとする火の上へ、ほどよく投げ入れていくのが腕前でありました。女はたぶん小娘の時から、お風呂《ふろ》の下などで練習をしたのかと思います。言葉にも言いあらわせないわずかな加減ですが、これがへただと毎日の飯がまずく、飯もろくにたけないといわれて恥をかきました。それがつらさに皆一生懸命になって覚えこんだものであります。

それから次にはわら灰の後始末、少しは中に残してかまどの火気をたもち、あとはかき出して外で消し、安全な所にためておくこと、これがまたわらをたく家の女たちの、たいせつな役目でありました。それというのがわら灰はただの灰でなく、後にまだいろいろの用途があったからですが、その話はもう一度火ばちのところで話しましょう。とにかくに今までの炉やかまどの火たきとは別に、一つの新しい技術が、短い年月のうちにかなりのところまで発達していたのであります。

ところが世の中がふたたび改まりまして、わらもそうそうはたけない時代がやってきました。全体に稲のわらは用途の広いもので、昔も決して粗末にはしていなかったのです。正月その他の神祭《かみまつ》りのかざり物を初めとして、人がはきものをはけば、そのはきもの全部、むしろが入用になれば、そのむしろの大部分、もとはふとんが少ないので、わらを柔らかに打って床に敷いてもおりました。その上に家畜の飼料にも、日本ではこれを与えていたので、余って燃料にしてもよいという分量は少なかったのであります。米作地の面積が急に増加してからしばらくの間は、その産額が多くなって、これを燃料にするのがいちばん手近だ、という時代があっただけであります。ところが国の産業が大いにおこり、交通が盛んになるにつれて、なわやかますの入用が際限もなく増加しました。打ちわらの寝床に寝る者は少なくなった代わりに、どこの家もゆかに厚床《あつどこ》の畳を敷いて、それが全部わら製であります。わらのはきものはぐっと減ってきましたが、わらを原料とする工産物の中には、印刷用紙のようにいくらあっても足らぬものがあります。ほかにどうしてもたくものが見つからぬので、今でもわらを燃やしている家が少しはありますが、何か代わりがあればやめたいと思う人ばかりであります。

もみがらはその代わりにならぬかと考えてみた人もありました。もみがらは毎年余って始末に困るもので、これが燃料になればそれにこしたことはありませんが、これを燃え上がらせる器械がまだ考え出されぬので、たきぎとしては使うことができないのです。そういううちにも日本人は、何か必ず新しい工夫をすることと思いますが、少なくとも今はふたたび、燃料の計画を少しも立てていない国民の数を、非常に多くしているのであります。

木炭時代

戦時中のように木炭自動車が東西に走りまわるようになるよりも前から、日本はすでに世界にまれな木炭の消費国でありました。どんな小さな町にも炭屋があり、炭がなくては暮らせない家庭が、もうたくさんにできていました。それだから炭が普通の商品になっていて、必要があればすぐにこれをガソリンの代わりに使うことができるのであります。しかしこういう状態はいたって新しく始まったもので、これがまた一つのかまどの改良の影響でありました。炭を日本人が知っていたのは、遠くは神武天皇《じんむてんのう》の御代《みよ》からと伝えられ、まだその以前にもあったろうということは想像されますが、もとはこの火を用いる人が限られていたのであります。炭を必ず使わねばならぬのは、金属をとかしまたはやわらげて、道具を製造する職業の者だけで、この人たちはわざわざ木を焼いて炭を作っていましたが、その他の多くの家々では、炭はただただたきぎのたき落し、すなわちおきの火が消えて自然にできるものと思っていた時代が、久しく続いたのであります。

今からやっと五十年ばかり前、明治の中ごろには、炭焼きの講習会というものが、全国いっせいに開かれて、じょうずに炭がまを築《つ》き立てる技術を、教える先生が歩きまわりました。それから後もなお長い間、土地でまだ炭焼きをしようという者が少なくて、遠い国から来て山を買い、炭を焼いてもうけていく者が、いくらもありました。炭がまのたき方にはかんとかこつとかいうものの、山の人たちには覚えにくいものが思いのほか多く、へたに焼くと金にならなかったのであります。それでその技術を伝授する中心のようなものが、方々にあったのであります。関東から東では栃木県の人が、どういうものか遠く奥羽地方まで歩いておりました。九州では大分《おおいた》県の山村の住民が、炭焼きの業を隣県へ広めました。そうしてこの地方には、炭を鋳物師《いもじ》という言葉が今でも残っていまして、もとは金属工芸の用途に、炭を焼いていたものということを想像させます。少なくともわが国の製炭方法は、最初金屋《かなや》の手によって発達したものであります。

ところが都では小野《おの》の炭がま、雪の山かげから煙の立ちのぼる風情を、歌に詠じたのも早くからのことで、文学のほうでは思いのほかよく知られていたために、そうではあるまいと思う人もあるかもしれませんが、これはちょうど北山の氷室《ひむろ》も同じことで、都なればこそであります。高貴な方々のお住居では、間《ま》ごとに火を燃やして煙をあげることもできず、あかり障子《しょうじ》や油燈蓋《あぶらとうがい》の調度が備わると、炉の火に集まる必要もまたありませんでした。冬は火おけに寄り添うという習慣がかなり早く始まって、単にその御用のために炭を焼くかまが、特に都近くの山里には開かれたのかと思われます。そうしてその習慣は近いころまで、まだそう広くは普及しなかったのであります。

おもしろい近世の逸話が一つ、火ばしというものはもとは形が大きく、炉や庭かまどにともなうべき道具でありましたが、私たちはこれを火ばちにつくものと思っております。ところが宮殿のお火ばちには炭火がいっぱいに盛られ、炭取りには火ばしが添わぬということを聞いて、それでは炭を取るのに指がよごれはしませんかと、年とった官女《かんじょ》にたずねてみた人がありました。そうすると今度は向こうのほうでびっくりして、炭をよごれたまま使う人が、このごろはあるのかといわれたという話が、ある随筆に出ております。以前の炭は一つ一つ、油をつけた紙でよくふきとりましたから、手で持っても黒くならなかったというのであります。それが事実であったかどうかは確かめられませんが、まずそれほどにも昔と今と、木炭の使いみちは違ってきているのであります。

火ばちが今日のように普及した原因の一つには、陶器《とうき》の進歩ということが数えられるでしょう。もとは穀物とか液体とかの、こぼれては困るものばかりを入れておく器だったものを、少し形を変えてこれを大小さまざまの火たき場としたのは、日本人の知慮ということができます。たぶんはかやの茎や木の皮やそぎ板で屋根をふく代わりに、かわらをのせるという風《ふう》がただの民家に広まってきたのと同じ方向の歩みでありましたろう。カワラケ・カワラバチ（擂鉢）・かわら火ばちなどは、どれも単純粗造《たんじゅんそぞう》の土器の名でありますが、それがだんだんと堅くなり、また形をどのようにも好むことができてきたのであります。陶器のかまどには、鋳物師《いものし》や鍛冶《かじ》のように木炭はたかず、たきぎをたいていたのが多いようですが、そのかまどの構築《こうちく》には炭がまとともに金属工芸の人々から助けられた点が多いのではないかと思います。ともかくもこういう手軽な火ばちが買われるようになってから、どこの家でもこれに少しの火を入れて、用のない人たちはさっさと炉ばたから離れて行くことになりました。私たちはこれを家の火の分裂と名づけて、非常に大きな世の中の変わり目と見ているのでありますが、それでもまだ最初のうちはおきの火を分けるだけで、山で焼いてくる木炭は、火ばちには使わなかったのであります。

コタツというものの盛んになったのも、やはり火ばちへのおつきあいでありました。炬燵などという妙な漢字を書きますが、これが支那から来たという証拠《しょうこ》などはありません。私たちはむしろふみ台をケタツといい、または魚つり用の軽便な足場をキャタツという語から分かれたもので、もとはあのヤグラを腰かけとして、使っていたのだろうと思っています。夜分炉の火をいけてさあ寝ようという前に、しばらく女たちが残っているおきの火で、足をあたためていたのが初めだったかもしれません。あるいは寒い晩に炉のそばで寝る人が考えだしたものか、ともかくもほだの火のまだ燃えている間は、あぶなくてそういうことはできませんが、何か布ぎれのような物で上をおおうと、わずかばかりの火でもあたたかいものだということを経験したのは、火を留める役目の人たちであったろうと思います。

信州のような寒い土地では、五尺か一間もある大きな炉にそっくりのるようなヤグラがあり、それに相応するかけぶとんができていまして、夜だけは出して使いました。これをユリゴタツといったのは、ユリが今いういろりのことだったからであります。朝晩に大きな火を燃やす家では、そのユリも十分に大きく、またこのこたつのやぐらも夜分しか出せませんが、炭火をたくことにすれば、あかりと兼用にすることができぬ代わりに、いくらでも炉を小さくし、またいつでもこれをこたつにすることができたのであります。木綿や木綿わたの普及につれて、このこたつの楽しみはだんだんと深くなってきました。それで家内の少ない静かな家庭から、まず今までの炉をぐっと小さくし始め、ふだんは鉄輪《かなわ》に鉄びんをかけておいて、お茶でも飲んでしまうとすぐにまた、ヤグラを持って来てこたつにするような家が多くなったばかりか、後には二階でも離れでも、好きな所へこの炉を切るようになったのであります。

炉のあり所はもとは一定しておって、最初は土間の土の上で火をたいたのですから、ゆかが高くなってから後も、底だけは土に届いていたのであります。それがこういう手軽なものになると、見たところは同じでも、底は地を離れて、なんのことはない、はめこみの火ばちのようになってしまいました。ヤグラに浅い火入れを取りつけた置きごたつというもの、または行火《あんか》といい、番所《ばんしょ》ごたつといい、ネコというものなどは、むしろ火ばちのほうの改良でありました。一人でぽつんといる者などには、便利といえばこの上もなく便利でしたが、その代わりには、いろりとは縁もゆかりもない存在となり、したがってまた炭火をどうして手に入れるかについて、新たに苦労しなければならぬことになりました。木炭全盛の時代はこのようにして、日本には来たのであります。

ふろとこんろ

火ばちや土製の置きごたつが、どこの家にも備わるようになって、炭の入用が急にふえてきたことは事実ですが、それでもまだ当分のうちは、山の炭がまのお世話にならずに、どうにか間に合わせることができましたのは、台所のかまどの改良があったからでありました。土でぬりかためて袋にした小さなかまどは、それ自身が一種の炭がまでありました。おきがたくさん奥のほうにたまれば、たきぎをたく場所が狭くなるので、せっせとかき出さねばなりませんが、かまどの外は温度が違いますから、少しあらけておくと黒い炭になります。この点が炉のおきの片端から白いじょうになってしまうのと、大きな違いであったのですが、家中がこの火のまわりに集まっているころには、これに気がつく者などはなかったのであります。いわゆる家の火の分裂が始まるころから、だんだんとこの消し炭を粗末にせぬようになりました。家々の火消しつぼは大きくなり、年寄りでもある所では夏のうちから、ケシコをほして貯えておくようにしました。火かき・火すくいの役目はたちまち大きなものになって、薄い鉄の板をまげて作ったのが、商品として広く売り出されました。これを地方の言葉でセンバというのはわかりませんが、十能《じゅうのう》といったのはいろいろの効能があるという意味でした。後には台をつけて台十《だいじゅう》という名が行なわれています。つまりは炭取りでは持って歩かれない炭火の運搬が、家の中で行なわれていたためであります。

　家に炉というもののなくなっていく原因は、必ずしも燃料の不足ばかりでなかったことは、かなり暮らしの豊かな、いくらでもほだ・たきぎの得られるような人までが、早くからかまどを主とした家に住んでいるのを見てもわかります。全体にこれは重要な、いたって古くからのしきたりでありまして、もう時世とは合わぬことに気づいても、なかなか簡単には変えることができなかったものです。それゆえにいったん炉を中心とした家の神の信仰が薄れ、また炉ばたの作法がやかましくいわれぬようになりますと、もうそれだけでも人は炉に火をたくことをやめて、もっとこぢんまりとした炉とすすとの少ない家に、住みたいという気になったかもしれぬのであります。そういうときに、ちょうどたきものを倹約する必要がおこっただけでなく、一方には戸《と》障子《しょうじ》・間《ま》じきりが外の寒さを防ぎ、あんどんやランプが家を明るくして、炉の火のまわりにかたまって暮らすに及ばず、おまけにどこへでも持ち運べるような、大小いろいろの火入れ・火ばちができたのであります。

初めはたぶん春のなかばから寒くなりかけまで炉をふさいでおいて、冬だけはもとのとおり炉をあけて火をたいたのでしょう。越後《えちご》などでは長火ばちのことを、今でも夏炉といっている所があります。しかし越後のような非常に寒い所でなければ、いっぺんこれを使い始めると、そうたびたび出したりしまったりはしません。そうして長火ばちだけはほかの火ばちと違って、めったに置き所を変えることもなく、主婦のすわるべき座席もちゃんときまっていました。つまりは昔の炉ばたの習わしを、許されるかぎりはこれへ引き継ごうとしたのであります。

山形県あたりへ行ってみますと、この長火ばちのことをブショウロまたはブショウブロ・ブシブロなどという人があります。これは炭取りでもそばに引きつけておけば、すわったままたりすることが多いに反して、炉で火をたけばたきつけを出しに、立ったり動いでたいていのことができます。ことに便利なのは小さな引き出しがいくつもついていて、ちょっとした道具や入用の書きつけまでしまっておくことができたので、そこでたわむれに無精者《ぶしょうもの》にはつごうのいい炉という意味で、こんな名をつけたのであります。

しかしそれだけではまた皆さんにはわかりにくかろうと思うことは、どうしてこれをまた無精ブロともいったのかで、フロは他の多くの土地では、今日はまるでちがったものの名になっているのです。茶の湯のおけいこをした人は知っていますが、フロは元来ああいう形をした小型の炉、どこへでも持って行かれる一種の火ばちの名でありました。まわりをよく囲って一方だけに口をあけ、空気の通いをよくしてあるので、風炉という文字が当たっているようにも思われますが、日本の言葉でも昔から、こういうこんもりとしたものがフロでありました。たとえば中国地方では、神さまの森の周囲に木の茂った所がフロであり、また北陸地方では、戸棚と私たちのいうものがフロでありました。浴場をフロバまたはオフロというのも、もとはすっかりまわりを立てきって、湯気で蒸されるようになっていたからであります。たぶんは温室やこうじむろのムロと同じ語であろうと、私は思っておりますが、どちらにしたところでおふろがこのとおり普通の語になってはもうまちがいやすいから、この一種の火ばちをフロというわけにいかなくなって、新たにまたこんろというような、妙な名前が生まれてきたのであります。ところが茶の湯をする人たちのほかに、東北地方などではまだフロという語を用い、貝焼きをする小さなのをカイフロといったり、新式のいわゆるこんろをハヤフロといったりしているのであります。一方の浴場のフロと同じように、この古風な火ばちのフロのほうにも、次々の改良がありました。そうしてこれにつれて木炭をわざわざ買い求める必要がだんだんと多くなってきました。

実際にまた鍛冶《かじ》や鋳物師《いものし》という職業以外の人々に、炭を今日のように親しませたのは、茶の湯のあの風炉《ふろ》の力であったろうと思います。茶の湯はもと大名の遊びといわれた時代を通ってきていますが、必ずしも貴人《きじん》・富豪《ふごう》のまねをしようというつもりはなくとも、友と集まって静かに茶の楽しみを味わおうとするには、炭を置く時から心を落ち着けてかからねばならず、したがって炉やかまどの残りの消し炭を、持ってくる気にはなれなかったのであります。あるいは僧院の晴れの行事、または神社の冬の祭りの式などから、あの厳粛な感じを学びとったのかもしれません。ともかくも最初はしばのたきぎでもお茶は自由に飲めたものが、おいおいに流派が起こり、宗匠《そうしょう》がもったいをつけて、炭を置く作法がまずきまり、ついでその種類や形を吟味《ぎんみ》するまでになって、しまいには専門の金属職工も知らぬような炭焼きの技術が、これによって発達してきたのであります。

白炭や焼かぬ昔の雪の枝

という句を作って、「白炭の忠知《ただとも》」の名を得た俳諧師《はいかいし》の現われたのは、もう二百何十年も前のことですが、そういう白くぬった炭などは普通の家庭には用がありません。もとは焼き方によって、外の白くなる炭を珍重《ちんちょう》したのが、後には好んで白い化粧《けしょう》をさせたのであります。豊後《ぶんご》の内山には、昔炭焼き長者が焼いたという枝炭《えだすみ》というものが、寺に宝物になっています。これは細い小枝や花の形までが、生《しょう》のままで見られる精巧な焼き方ですが、珍しいというだけで少しでも実用にはなりません。それでも近代の人の歌に、

くれなゐににほふつつじの枝炭は花折りくべしここちこそすれ

というのがあるくらいで、茶の湯をする人たちの間だけには、まだこの枝炭はよく知れておりました。今日の女性の行儀作法と茶の湯とは深い関係があります。別に茶道に通じたいという願いはなくとも、ひととおりは教えておこうという教育が久しく行なわれ、お茶の礼式は普通の家庭にはいり、人は知らず知らず炭や火ばちに関するかぎり、少しばかり趣味が高くなりすぎました。一方は年に何度という晴れの会ですが、このほうは毎日の生活であります。それが消し炭をわびしいものと思い、わら灰を失礼なものと感じるようになったのだからたまりません。池田とか佐倉《さくら》とかいう多くの有名なよい炭は、どれも大都市の周囲から産するので、土地が開けるとすぐ高くなります。そうしてその中には、茶の湯にも金属工芸にも関係のないものが少なくはありません。こんろの料理はそのおかげで進みましたけれども、火の生計費は急激に増加し、しかも木炭の輸送は、流し木よりも、また一段とむつかしい問題となって、都会をあたたかくしようとする人々の苦労の種が一つふえたのであります。

町の燃料

[17]むかし私がスイスのジュネーブに住んでいましたころ、ある静かな屋敷町を散歩していると、前へ行く四十あまりの男が、しきりに路の上にこごんでは、また歩き出します。何をするのかと歩みをゆるめてよく見ましたら、両側の邸内に高く伸びているもみの木から、たくさんに落ちこぼれた枯れた毬果《きゅうか》、日本でいうならば松かさに当たるものを、拾って上衣のポケットに入れて行くのでした。それがまだ、初冬の午後であったのに、今からそんなことではこの先どうするかと思うようでありました。たぶんはお湯だけはこれでわかして飲もうというのでしょうが、これなどはまだ余裕のある失業者だったかもしれません。

向こうはご承知のようにパンを買いますから、水を飲んでいれば食事には火がいりません。それでも寒さのきびしい年は、大きな町だけには凍え死ぬ者があることは、支那なども同じことで、つまりは大都会の防寒設備は、まだ満足だとはいえないのであります。

わが国は水と燃料とには恵まれた国で、一生この二つの不自由を知らずにしまう人が、もとは国民の八、九割まであったのですが、それでも新しく町をつくるときには、十分にその手当をしておりました。たとえば東北では、仙台ばかりを森の都などという人がありますが、その他の多くの市とても、近年火事のあったものは別にして、都ではないまでもともかくも森でした。すなわち屋敷をできるだけ広く取って、はしには大きな木を植えさせて、たきぎが足りない年は切ってたけるようにしてありました。東京の町でも山の手はつい近年まで、おまけに郊外にはひろびろとした林地が、そのためかと思うように残してあったのです。下町も大震災前までの地割《じわ》りは、ところどころに大きな屋敷をまじえて、相応に疎散《そさん》してありました。その空地へあとからあとからと、少しも燃料の覚悟のない人たちが、はいって来て住んだだけであります。彼らに対しては、ガスや電気が用意してあるからいいと思っていたのですが、かつての戦時中の制限は仕方がなかったとしても、もとが一つなので故障は大きく、おまけによほど取締りをきびしくしても、値上げの必要が毎度起こって、事実あたたまることのできない人が、少しずつふえてくるのであります。

木炭を主要な燃料とすることが、どの程度に必要であり、またどれほどむつかしいものであるかを確かめるために、昔はどうしていたか、外国ではどうしているか、この二つを参考にすることは、火の管理者であった女性の任務です。それを勘定《かんじょう》に入れない家政学なんかは、今にひっくりかえってしまう時がくるかもしれません。

西ヨーロッパの諸国では、町で炭屋という商売を見かけたことは少なくとも私にはありません。木炭は薬屋《くすりや》（アポテック）へ買いに行くものだと、教えてくれた人もありました。化学の実験などに使うのが、おもな用途であるからだろうと思います。以前、石炭が今のように出回らなかった時代には、料理用の炭というものはあったはずですが、それが炉のたきぎのたきおとしのほかに、山から売りにくるものをどのくらい使ったものか、使っていたとしても分量はいたって少なく、したがって製法も粗末で、とても日本の改良かまどのような、精巧なものでなかったろうと思います。アルプス山中の炭焼きは映画になってきましたから、見ておられる人があるかもしれません。山の土を穴に掘って周囲に高く積んでおき、底に木を組んで火を燃やし、よほど焼けたところで急いでまわりの土をかけて消すので、これにも口伝《くでん》があり、加減があるのでしょうが、それはもう日本ではまねられない方法であります。あるいはさがしたらもっとじょうずな焼き方もあるだろうと思いますが、ともかくも今日では、わが国のような、全国的な商品ではないのであります。

火ばちに相当するブラジェーというものが、あちらにもあることは私は聞いていましたが、博物館以外で見たのはたった一度、先ごろドイツ・イギリスが激戦したイタリアのサレルノの宿屋で、ふたがあり、取手《とって》のある真鍮《しんちゅう》の手あぶりのようなのを、番頭がなでているのを見かけました。その時は気をつけずにしまったのですが、いくら形は似ていても、中味はこちらとはよほど違っていたはずであります。

日本の火ばちやこたつ・行火《あんか》の特徴は、わら灰をもって炭の火を包むことでありました。わら灰は実はわらの炭ですから、まわりからいっしょに燃えていって、小さな炭火でも割合にあたたかくまた長くもつのであります。この方法は、いつごろ、だれが考え出したかは書いたものには見えません。あるいは支那のほうにも早くからあったのでしょうが、それをまねするような機会は、ちょっと想像することができません。結局はわらを毎日の火にたく家が多くなったころから、その火のあとのぬくもりに居残るような人たちが、自然にそうし始めたものと見るよりほかはないので、それが偶然にも火ばちやこたつの、このような珍しい普及を助けたのであります。

　おきの火を炉の熱灰《あつばい》の中に埋めるだけの技術ならば、家々の主婦たちが何十代の練習をつんでいました。黒いわらの炭をわら灰というのを見ても、最初はなんとなくそれを利用したのだということがわかります。これが温度を長く保つのを知っただけが、新しい生活の経験であって、その経験もまた、おそらくは女性のものだったろうと私は思います。そういう機会は、稲を作らぬ西洋の諸国の木炭利用者には得られません。それで製造運搬に大きな手数のかかるわりに、火力も少なく不経済なものだということに気がつき、ちょうど日本とは反対に、なるたけ木炭を使わずにすむような工夫をして、今ではほとんどこれを燃料の一種とも、認めないようになったのであります。

　日本の都会地では、しば・たきぎを手に入れる道がまずふさがり、次にこのりっぱな補助燃料であったわら灰が得られなくなりました。そうして一方には改良こんろ、炭をどしどしと燃やす方法ばかり発明されるので、一年増しに炭の消費量が激増して、このごろでは百里、二百里の遠くから運んでも、追いつかなくなっているのです。上品な座敷ではわら灰をいやしみましたが、以前は冬のさし入りに、これをさがし求めない家庭は、少なかったのであります。町のわら灰の多くは、米俵《こめだわら》から取りました。毎年一人当り二俵以上の米が、どこの町でもいなかからはいって来まして、その俵のわらが他にはまず使いみちがなかったのです。東京などでは、よく焼いも屋へわら灰をもらいに行きました。甘藷《かんしょ》はわらの火で焼いたのがおいしいので、ここでは古俵以外にもわらを農村から取り寄せ、しかもその黒灰の始末には困っておりました。それを家々では引き受けて、白いほんとうの灰にしてから、それぞれ処分したのであります。そのために火ばち・こたつの炭の入用が少なくてすんだのですから、これも一つの町の燃料ということができます。たきぎをかまどにたいていたころは、これと合わせて都会は莫大《ばくだい》な灰の生産地でありました。

日本はもともと灰の利用法の進んだ国で、染物その他の工芸にも、また食物の調製にもこれを使い、地方ではわざわざ山にはいって灰を取る灰山《はいやま》の作業もありましたが、町ではそうたくさんの需要がなくて、そのやり場には皆困りました。灰を道路に捨て、みぞに流すことを禁止した法令も、古くからあります。ところが江戸だけは何人の知慮であったか、これを農村に送る組織が立っていて、ことに今日の埼玉県境の、新河岸川《しんかしがわ》などというのはその交通路でありました。そうしてその終点の川越《かわごえ》の町に、定期の灰市《はいいち》が立ちました。来がけの空船《からふね》を利用して戸障子の類を運び、それであの町付近には指物《さしもの》の工芸が早く起こっただけでなく、一方にはだれでもすきな川越いも、その他の畑作物がみごとにできました。大きな都会が周囲の野を開いた力は、単に下水や家肥だけではありません。それが今日となってはまったく縁が切れて、ただ石炭のからや雑物を田畑の上に積みのせて、気持ちの悪い住宅地を広げていくだけになりました。町の燃料の変遷ということは、どうしても新しくまた一つの生活方式を、考え出さねばならぬ状態にきているのであります。

燃料の将来

昔の人の感覚では、火にはきれいな清い火と、けがれたきたない火とのあることを認めておりました。ご飯は神さまにも先祖さまにも上げるものですから、かまどには安心のできるようなたきぎでないと、たいてならぬものにしていまして、燃料の選択ということがやかましかったのです。朝なわ夜ふじとか朝ふじ夕なわとかいうことわざを、今でも年寄りは覚えていて、どういうわけでか、ふじのつるやわらなわは、炉にたくことをさえきらいました。祭りや祝いごとの晴れの集まりに、必ず形のある木炭を火ばちに置こうとしたのも、消し炭ではなんだかその出所《でどころ》が心もとないからかもしれません。

ところがいよいよたきぎが遠くから来るようになると、少なくとも町では、そんなことをかまわない人が多くなります。それも最初のうちは浴場のフロの下とかこたつとかだけで、それゆえにこたつの火で餅《もち》を焼いたりするとしかられました。わら火で飯をたく人たちは、わらほど清い火はないと自慢するとともに、浜でしお木を拾い、川原へ流れ木を掘りに行く者は、本式のたきぎを燃やす人には気の毒がられました。実際また川上の方からは、時々とんでもないきたない木切れも流れて来たのであります。それがどの火もみな一つだ、火はなんでも清めると思うようになったのは、理科の教育であって、そのためにたちまち燃料の前途は開け、都会の生活にも一つのくつろぎができたのであります。

そういう中でもいちばんこっけいな顔をしてまかり出でたのは、たどんであります。いずれ平凡な人の発明だろうと思いますが、これによって炭屋のちりあくたが、一つの役をもつことになったかわりに、土や灰などをただまっ黒に染めて、練炭《れんたん》でございと売るようなくせを養って、いよいよ私たちの熱量計算を困難にし、都市人の冬のかまえを心細くしました。これを安全に保障することは、ガスや電気の豊かな供給にも劣らぬほどの大事業だと思います。ゴミというものの分類が、まず必要なようにいわれておりますが、いなかではだいたいにその仕分けはついていました。ちりとかほこりとかは払い出して、自然に落ち着くのを待つよりほかはないもの、あくたは水に沈んで朽《く》ちてだんだんと土になっていくもので、これらもしまいには農業の助けとはなりましたが、その処分には時をかけるだけで、火とはなんらの関係はありません。焼いて片づけ、かつ利用しようとしていたのは、ゴミでありゴモクでありました。これには主として木竹の葉や小枝、わらくずその他の作物の殻類《からるい》がありました。たきぎが不足するかまたは売って金にかえられるとなりますと、こういうものもただ焼き捨ててしまわずに、その中から少しずつたきものに採用したので、わらや枯れ松葉をかまどに燃やす土地は言うに及ばず、近年村落に著しくすえ風呂《ぶろ》の多くなったのも、すべてこのゴミ・ゴモクの利用の進みであります。ところが都会だけが場所が狭いために、やたらにこのゴミとちり・あくたとの三つを混同し、おまけに瀬戸物《せともの》・ガラスのかけらのような、あぶないものまでもごみ箱に投げこむので、今までは、始末がつかなかったのであります。今度はどうやら改良の糸口が見つかったようで、やがて私たちのかじけないでもすむ冬が、来ることであろうと思います。

ゴミという言葉の起こりはわかりませんが、これは火にたけば燃えるもので、今まではすててかえりみなかったものの総称のようであります。ゴミの整理が燃料の増加になった実例は、数え立てるとなかなかありますが、たいていは一種ずつで、それも土地の人たちが皆ともにでないと、新たにそういうものをたく気にはならぬのです。蚕《かいこ》に桑《くわ》の葉を給したあとの枝は、クワデといってもとはかまどにはたかず、始末に困っていた人が多かったのですが、もう今では普通のたきものになったばかりか、桑畑整理によって掘り起こした根株《ねかぶ》まで、冬の用意に積んで置く家があります。

羽後《うご》の飛島《とびしま》などでは、全島に生《お》い茂ったいたどりの枯《か》れ茎《くき》だけが燃料で、そのおかげに松も少ないこの島に、たくさんの人が住んでいます。かややや沼辺のあしばかりを燃料にして、暮らしているという村も、近所にあります。もっと変わったのは津軽《つがる》の十三潟《じゅうさんがた》のまわりに、サルケという土をたく風習で、これはいろいろの植物のなかば炭化したのを、田の底から掘り出してれんが型に切り、高く積み上げておいてかわかしてからたきます。一種独特の煙の香がするのと、目を病む人が多いので、通行の者にもすぐわかります。秋田県の雄物川《おものがわ》流域にも、これに似たものをネッコといって、たいていた所があります。越後から信州の一部にかけてヤチマグソといったのもその類で、いずれも煙にはかまわずにただ炉にくべるだけらしく、これに相応するようなかまどの装置は、まだないかと思われます。人が薪炭の欠乏にどれだけまで堪えるかという試みのようなもので、これただ一種では住みつづけられもせず、またそういう生活方式もまだきまっていないことは、今日東北の方から盛んにはいってくる亜炭《あたん》や褐炭《かったん》も同じであります。未来の燃料はただこれを見つけ出しただけでなく、どうすれば私たちの毎日の要求に、ぴたりと合うだろうかを、考えてみなければなりません。大きな問題がまだ残っております。

石炭を炭・たきぎの代わりにすることを、西洋人から教えてもらったように思うのはまちがいであります。新たに日本の国民が心づいたのは、地下にもまだたくさんに埋もれていて、掘り出せば使えるということだけで、地上に近くあるものだけは、早くからその土地では知っており、また利用しておりました。関西地方でウニとかスクボとかいったのもそれであり、もっと広く知られているのは、ゴエダまたはゴヘイダという名であります。なにか五平太とでもいう人が見つけたようにも思われますが、これらの言葉の起こりはまだ明らかでありません。磐城《いわき》の海岸線でもおりおり見られるように、よくよく他の燃料がないときはこれも使いますが、くさくて煙が多くて日本の火たき場に向かぬことは、今も百年前も同じであります。まったく外国をまねした家屋に住むか、そうでなければ特別のかまどを普及させなければ、まだ私たちの新しい燃料とはいえないのです。もちろんこの品物の産出が、年々に多くまた容易になり、これが公共のあらゆる機関、船や車やさまざまの工場にも利用されて、間接に今までの燃料を豊かに残してくれることは、なんともいえない心強さでありまして、おかげで今までの人のような、これから先はどうしていくかという、取り越し苦労をする必要はなくなりましたが、ともかくも希望はなお未来にあるのであります。石炭の火で食べ物をこしらえたり、またあたたまったりしている人の数は、昔にくらべてそう多くもなっておりません。

長い日本の歴史をふり返って見ましても、火の昔のように次々と事情が移り変わり、前に普通であったことが珍しくなり、よもやと思うことが新たに起こり、困ればまたたちまち道が開けて、いつも楽しい未来を予期することのできたものは、ほかにはありません。最初ひろびろとした山野を切りあけて、少しの焼畑を作っていたころには、人はむしろ樹木のあまりによく茂るのに閉口していたのです。倒した大木でも焼き払った炭でも、皆ほったらかして帰って来て、これが価のあるものになろうとは思ってもみなかったのでありますす。しかもだんだんに村里が繁盛して、たきぎや油がいくらでも入用となりますと、もう一度山へはいって細いしばの枝まで刈りたばね、または古い根株《ねかぶ》を掘り起こして来て、あまりを多く残して足りない人たちに分けました。炉やかまどはそうなっても少しもさしつかえのないように、いつの間にか改良が加えられておりました。つまりは少ない燃料で多くの人をあたたまらせる考案を、だれがしたともなく、一同でなしとげているのでありますます。あの空前の大戦争の時には、また一回の欠乏に見舞われましたけれども、もう一方には石油があり石炭があり、ガスをみちびく方法も備わった上に、さらに電気という驚くべき発明がいくらでも利用される状態まで進んできているのであります。そういつまでも、私たちをがまんさせ、辛抱させるだけではおくまいと思います。かしこく生きていくことは、日本人の特長でありますが、その特長を発揮させるにも、やはり今までの成功の経験と、多数を幸福にするという希望とで、勇気づける必要があるのであります。

燃える土、燃える水が日本にあることは、大昔から知られておりました。ただそれを私たちは、いそいで使おうとしなかっただけでありました。土が木を生み、木が火を生む以外に、金からも火を取ることができることは、学者が説いたばかりでなく、同時に普通の人の実用知識でもありました。ただ最近までまったく気づかずにいたことは、滝や早瀬の水の力が、金属の機械を通れば火に変わるということで、まだまだこの世には人間の光となり熱となるものが、隠れて残っているということがこれでよくわかり、もっと考えてみよう、働いてみようという人が、急にそのために多くなってきました。電気は私たちの交通方法を根本から改良し、またいろいろの精密な工作機械を動かしている以上に、もう全国一千万からの家庭の夜の燈火ともなっているのであります。これが家々の食物を調理し、年寄りや子供の身をあたためる火となるのも、決して遠い遠い先のことではありません。もちろん費用ということが大きな問題ですが、それよりも線を使わずに、どこへでも運べることが重要な条件だと思います。谷の奥なら木が多いからまだよいかもしれませんが、小さな離れ島に離れて住む人が、日本には非常に多いからであります。中央の山脈が高くて雨のよく降る国ですから、水力の源は尽きる時がありませんが、海のまん中の小島だけは、それも望むことができないのです。あるいはこれから後は、絶えず吹く強い風、大きく寄せてくる激浪の力を、電気にするような方法も考えなければなりますまい。またそれを小さな漁船などにもたくわえて、持って歩く方法も見つけなければなりません。私たちの楽しんで働くべき仕事は、まだまだ目の前にもたくさんに横たわっております。

火の文化

人と他の生物との確かな境、他の生物がいつまでももとの姿でいて、人ばかりがどしどし進み改まっていく分かれ路が、火の利用であったことは、だれでもいっておりますが、その最初があまりに遠い昔であったために、これを思い出し感謝するような機会は少なく、ただ現在あるものをあたりまえと思う者が多くなって、時々はもっとよくするという念願がおとろえかけていました。ところが今は、世界の何百というほどの違った民族と、ともどもに手を取って進んでいくという時代にはいったので、土地によりまたは教養によって、世界の人々の中にも、火の利用の仕方に非常な違いのあることがわかり、中には日本国民の以前にやっていたことと、似かよった点がいくつもあることに、あるふしぎささえ感じることがあります。これらの諸民族に関する書物も数多く出ております。もしおりがあったらその中から、火はどうしているかという点に気をつけてごらんなさい。きっと考えさせられることがいろいろあるでしょう。

まず第一に火がどういうわけで、このように人の親しむものになったかということが考えられます。寒いからあたる、あたればあたたかくなるから火のそばを離れられぬということもむろんありますが、それがいちばん大きな火の恩恵であったとは思われません。最初の経験はあたたかいよりも熱いで、人はまだこれを加減することを知らなかったからでありまます。火をたよりにして寒い土地へはいっていくということはできたかもしれませんが、寒地ではじめて火を学んだものがあるとすれば、これにたよらない生活もありえたのであります。暑い島々ではもちろんそういう火はいりません。それでもやはり火は大事に守り続けているのであります。やみの不安と恐ろしさとを追いはらうために、たき火を月の光の代わりにすることも必要でありましたろうが、これにはいま一つ、隠れてじっとしているという方法もありますので、火はむしろ人が集まり、何か行動するようになってから、大きくたきあげる風習が始まったものとも見られます。南北暑寒の二地帯を通じて、群れにも個人にもともに入用の早くからあったのは、やはり食物を食べよくすることでなければなりません。

　次のような場面がまず想像に浮かびます。噴火とか落雷とか、または密林の摩擦《まさつ》とか、何か自然の炎焼《えんしょう》のあった所へ、やや下火になってから近づいてみた者が、今まで生《なま》のままで食べていた木の実や草の根、または小鳥の類が半焼けになって落ちているのを見つける。ためしに拾って食べてみると格別《かくべつ》に風味がよろしい。たばこ以前の人たちは、ことに鼻の感覚が鋭かったので、あのこうばしいと名づける香気が、忘れがたい印象を与えたかと思われます。その経験を二度三度、または幾人かがくり返すうちに、なんとかしてひとつこの赤い熱いふしぎなものをめいめいのほら穴に持ちこんで、愛する同居者とともどもに、同じような食物を味わってみたいという、気持ちになるのも自然であります。赤道直下の森の人々でも、食物のためには皆火をたきます。そうして最も古風な料理法というものは、生で食べてもよいようなものを、そのままたき火の中にほうりこんで焼くことでありました。日本のように十分に開けた国でさえも、この方法はまだまったく忘れてしまってはおりません。くりやさつまいもは皮をむきますから、こうして焼いても少しもきたないことはなく、また楽しみなものとも考えられております。それよりももっと古風でむぞうさなのは、山に入りこんだ村々で茶の子などという団子《だんご》で、これは朝飯前に一仕事をする者が、起きぬけにたべて行くものとなっています。あわ・ひえ・くずもみの類を粉にひいて水でこねたもので、大きさは一番のゴムまりほどもあります。これを前の晩から炉の火とともに埋めておいて、翌朝は掘り出して灰をはたき、馬の上でかじりながら草刈りに行ったものだということです。もちろんこんなものをかじる人はだんだん少なくなりましたが、以前は餅なども餅焼きあみやテッキュウが買えなくて、こうして焼くのが普通だったのでありますす。昔話の「和尚《おしよう》と小僧」の中にも、和尚が小僧を村の建前《たてまえ》を見せにやって、そのあとでひとりで餅を焼いて食べます。それを小僧が感づいてすぐに途中から引き返し、普請《ふしん》の模様を話すのに、火ばしを柱にして方々の灰の中につき立て、いけてあった餅を皆出してしまうという笑話があり、あるいは名前をフウフウと変えてもらって、和尚が夜分に焼き餅の灰を吹いていると、はいと返事をして起き出してくる話などもありました。

しかし食物が灰まみれになることは、どうせ気持ちのいいものでないので、後には焼きぐしというものを考え出しました。これが未開の熱帯島人などの中にもあるかどうかは、私はまだ知りませんが、日本では竹をけずって、くしにする方法が発達しました。それから魚などは形をこわすことをきらって、細い木を二つに割って中にはさみ、その一方のはしをよく合わせるために、タマクラという小さな土製の輪を用い、そのくしの木にもくす、いや、とりこしばのような、なるべく香の高いよいものを使いました。餅や団子のような丸いものは、くしにさすよりほかはなかったとみえて、今でも山で食べる御幣餅《ごへいもち》などは、必ずくしにさして炉の灰に立てて、両方からあぶるものときまっております。豆腐《とうふ》は古くからあった食物ではありませんが、これも焼くときには皆くしにさしました。今では長いこんろの上に横にするので、なぜ田楽《でんがく》というのかわからなくなりましたが、もとはみそをつけ長いくしに刺してななめに火の上にかざした様子が、田楽の一足《いっそく》という舞に似ているので、たわむれにこんな名をつけた人があるのであります。

一方にはまたもっと簡単な焼き方として、包み焼きというのが考え出されました。たぶんは広い木の葉の中に食物を包んで、じかに燃えている火の中にくべたものでしょう。茶の子団子のような、ばらばらのものを結びかためた食物は、こうして焼けば灰まみれにならずにすみます。東北地方でホド蒸《む》しといったのは、つまりこの包み焼きのことで、ホドは前にも述べたように、いろりのまん中の火の燃えているところのことであります。私なども小さいころに、卵だけはよくそうして焼いてもらいました。これは反古紙《ほごがみ》をぬらして幾重《いくえ》にも包み、火ばちの中に埋めておくのでありますが、包みようが悪いか、ぬらし方がたらぬかすると、おりおり破裂して灰神楽《はいかぐら》を舞わすことがありました。あんな手軽なゆで卵のようなものでも、ちょうど火ばちにのせるような小さな土なべのないころにはできなかったので、まだこのような古い方法が伝わっているのであります。

私たちが穀物を食べるのは最初からでしょうが、これにはやはりこれをたく器物の、なかった時代を想像することができます。米が五穀の中で最も尊いものと認められたのも、生でかんだときの味わいが、はるかに他のものにまさっているためかと思われます。実際にまた生米《なまごめ》をかむ風習は近いころまでありまして、農家ではこれを制止するのに骨を折りました。焼米《やきごめ》というものの味はもう忘れた人が多くなりましたが、もとはこれをこしらえて神と先祖に供え、人も食べる日が一年に二度ありました。一回は旧暦八月の穂《ほ》掛《かけ》刈《かり》掛《かけ》の日、まだ十分に実の入らぬ稲穂《いなほ》を少しこいて、もみをよく焼いてうすでついたので、その米粒にはしわがあるので、シワゴメとも、またヒラゴメともいっておりました。いま一回は四月の苗代《なわしろ》初めに、種もみの余りをかわかして焼くので、水につけたのはふくれていてまずいので、この日の焼米の材料に別の米を用意しておく家もありました。ほうろくやいりなべが備わっていればなんでもありませんが、この風習もおそらくはそういう道具よりも古くからあるので、やはりどうしてもみを焼いたかが問題になるのです。二つの方法が私たちには想像されます。一つは穂のままで集めて焼いてから、後で灰やごみを払いのけて、残りをはき集めるものであり、もう一つは石の上に大きな火を燃やし、石が焼けてから急いでその火をのけて、その後にもみを置くものであります。おそらく二つとも用いられていたものでありましょう。

岩の上《え》に小猿米焼《こざるこめや》く米だにも食《た》げて通らせかまししの老翁《おじ》

こういう珍しい古い歌が、『日本書紀』に昔の童謡だといって伝わっております。猿や羚羊《かましし》（クラシシ）が焼米を食べたはずはありませんが、人がそういうことを皆していた時代だから、彼らもそのまねをするかのように思って、おもしろがったのだということは想像しえられます。

人が石の破片を道具にしていた大昔から、もうわが国には土器というものがありまして、土の中からいっしょに出てきます。その土器の中には火にかけたと見えて、おしりの黒く焦げたのもおりおりまじっているのですが、太平洋上の多くの島々には、今でさえ土のなべかまをまったく持たぬ人民が、いくらともなく住んでいるのであります。土器を作ることができぬほど、知能の劣った者ばかりいるわけでなく、作る手段がないから考え出せなかったものも少なくはないのです。日本の中でも、八丈島の南の青ヶ島などでは、島に土器を焼く粘土がなくて、たまたま外からはいってくるはちや徳利を、宝物のように大事にしています。沖縄《おきなわ》でも八重山《やえやま》の島々では、ただの赤土にかたつむりの粘《ねば》りをつきまぜて、非常な苦心でつぼ類を焼き、付近に供給していた一つの島がありました。土器は内地の方でもどこにも生産するというものでなく、ことに鉄のなべ・かまに至っては純然たる商品でありまして、売りに来てくれなければなくてすませ、またはたった一つのもので間に合わせなければなりません。古い先祖の火の利用法がいつまでも残っていたのはそのためであります。そうして南海の島の住民には、今までは煮たきの道具を与えようとする親切な人が少なかったのであります。あらためて大いに考えてやらなければなりません。

前に私は日本の米の飯が、蒸し物の強飯《こわいい》からだんだんとカタカユに移ってきたことを述べて、これをかまどとおかまの改良のおかげであったことを話しましたが、火の利用がいろいろの道具よりも早いことを考えますと、そのまた一つの前のものを想像せずにはいられません。かまに湯をたぎらせて湯気を上げるということは、そう容易な仕事ではありません。普通の土焼きのなべやかまでは、少し強い火にかけるとひびがいって漏《も》ってしまいます。初めはおそらくホド蒸しのように、水によくしめした米を木の葉に包み、熱灰《あつばい》の中に埋めて火をたいたものでしょう。それがいつとなくおけこしき、または土こしきの採用となり、さらに組せいろうのような便利なものになったのは、へついとなべとの大きな改良が、これをさそったからと見るのほかはありません。ご飯のたき方が今日のように進んだ後まで、なお祭りや祝い事にはこの強飯でなければならぬことになっているのも、源《みなもと》にさかのぼって、まだ蒸飯の味と趣とが、黙って国民の間に伝わっているからであります。たずねてみるならば私たちの祖先の生きてきた跡は、決してまるっきり埋もれてしまってはおりません。そうしておおよそは未開諸国内の、今も文化の恩恵に浴しない人たちと似かよったものを持っていたのです。私たちは早くそういう不便な時代を、通り抜けて進んで来ました。だからこれからは余った力を分けて、おくれてくる者を助けてやらなければなりません。

注　釈

1　**『和漢三才図会』**　正徳から享保の間に寺島良安の手で編纂・刊行された図入りの百科事典。日本と中国の古今の万物を天・地・人三才に分け、それぞれに絵図を付し漢文で簡潔に解説する。各項目には時代毎の変化や関連項目が盛り込まれ、事典としての有用性は高い。

2　**ジェシュイットの坊さん**　ジェシュイット（Jesuit）はカトリック教会内の司祭修道会の一つ、イエズス会の異称。耶蘇教とも。坊さんは「宣教師」を指す。同会は世界各地での布教・教育に力を注ぎ、天文一八（一五四九）年には、宣教師フランシスコ＝ザビエルが日本にキリスト教を伝えた。

3　**小堀遠州**　一五七九―一六四七。江戸時代前期の大名、茶人、造園家。近江（現滋賀県）出身。遠州は従五位下遠江守に叙せられたことから呼ばれたものであり、名は政一。各地での庭園造りのほか、遠州流茶道の祖となり将軍や大名への茶道指南で活躍した。

4　**『俚言集覧』**　江戸時代の国語辞典。太田全斎著。俗諺、俗語のほか漢語、仏教語、固有名詞などを豊富に収録した江戸時代の口語語彙集。明治三二―三三（一八九九―一九〇〇）年刊行の、同書を増補・改編し、五十音順とした「増補俚言集覧」により一般に流布した。

5　**『猿蓑』**　江戸前期の俳諧集。元禄四（一六九一）年刊。俳諧七部集（松尾芭蕉没後、その俳風の変遷を辿る上で重要と考えられた撰集七部）の第五撰集。中でも『猿蓑』は、奥の細道の旅を経た芭蕉の円熟期の作風を端的に示す撰集であり、後人から俳諧集の規範と仰がれる。

6　**『真俗雑記』**　鎌倉時代の真言宗の僧頼瑜の二〇代から五〇代後半にかけての伝記的記録。「真俗」は「仏の教えと世俗の教え」の意味。『真俗雑記問答鈔』、『秘蔵口伝抄』とも。頼瑜は、大伝法院（根来寺）教学の基礎理論を確立した真言教学史上屈指の学匠である。

7　**山崎の宗鑑**　生没年未詳。室町・戦国時代の連歌師。山城（現京都府）の山崎に住んだことからこの名で呼ばれるが、詳しい出自や氏名は不明。卑俗な滑稽を狙った俳諧連歌の撰集『犬筑波集』の撰者として伝えられ、俳諧の開基として江戸時代に尊重された。

8　**三府五港**　三府は東京府（東京都の前身）、大阪府、京都府の三府を指す。三府とも、中心地が江戸時代から日本三大都市に数えられた。五港は幕末に不平等条約によって開港された箱館（現函館）、新潟、神奈川（現横浜）、兵庫（現神戸）、長崎の五港である。

9　**平尾魯仙**　一八〇八―一八八〇。幕末から明治にかけて活躍した画家。陸奥弘前（現青森県）出身。魯仙は号であり、本名は亮致。郷土の風物画を残すとともに、平田銕胤門下となり、国学の研究にも従事している。寺子屋を経営して多くの門人を育て、郷土の文化向上に貢献した。

10　**『耽奇漫録』**　江戸後期の考証随筆。山崎美成序・跋。文政七―八（一八二四―二五）年成立。山崎や曲亭馬琴らが、好古・好事の者の会合「耽奇会」に持ち寄った古書画や古器財などの図に考説を添えたものの集録。天保三（一八三二）年成立の馬琴序本もある。

11　**「御垣守衛士のたく火」**　大中臣能宣朝臣の和歌「御垣守衛士のたく火の夜は燃え昼は消えつつ物をこそ思へ」を指す。百人一首第四九首。御垣守と衛士はともに御所の御門の番人であり、彼らが夜中に焚く篝火のように夜になると恋心が燃え上がるという男の激しい恋の炎を詠んでいる。

12　**大田蜀山人**　一七四九―一八二三。江戸中期から後期の幕臣・狂歌師・戯作者。江戸の人。

蜀山人は晩年に用いた仮号で、名は覃。別号の南畝も著名。洒落本や黄表紙、漢詩文まで網羅する多才な文人であり、蜀山人時代には当代一流の狂歌師として人気を博した。

13　百官有司の者　「百官」は数多くの官吏、「有司」は役人や官吏を指し、百官有司の者とは数多の官吏を意味する。有司百官とも。

14　猫馬鹿坊主になんとか　「猫馬鹿坊主に火吹き竹」という諺を指す。「主人の席と決まっている横座に座る愚か者は、猫と馬鹿と坊主くらいである」との意味であり、主人以外が立場を弁えず横座に座るべきではないことを説く。「猫馬鹿坊主」、「横座廻りの猫馬鹿坊主」「猫と阿呆は横座に廻る」とも。

15　秋葉・愛宕の火伏せのお札　秋葉と愛宕は、火伏せの神への信仰と結び付いて全国に広がる地名。秋葉は静岡県浜松市天竜区春野町領家の秋葉山、愛宕は京都府京都市右京区の愛宕山を大本とする。各地の神社への登拝者は、登拝の証として火伏せのお札を受け、それを火の元に貼って火除けを願う。

16　大原女　薪や柴を京へ売りに出ることを生業とした京都府愛宕郡八瀬村・大原村（現京都市左京区）の女性の総称。略装の仕事着とハレの日の正装に大別される衣装や、頭上運搬で知られる。近年は都市化と燃料革命で大原女習俗も衰退し、観光面で保存が図られている。

17　むかし私がスイスのジュネーブに住んでいましたころ　柳田国男は、大正一〇（一九二一）年七月から大正一二（一九二三）年八月の間（途中帰国を挟む二度の滞在である）、国際連盟委任統治委員会初代委員としてジュネーブに赴任していた。この期間の生活や柳田の活動については、「瑞西日記」が詳しい。

作成／酒井貴広（早稲田大学大学院）

解説

この本は、著者柳田国男先生が、その序文で述べていられるように、日本の若い人たちのために書かれたものであります。昨年（昭和三十七年）満八十七歳の高齢でなくなられるまで先生の念頭には、過去、現在、未来をつなぐすじが常に意識され、ことにその晩年には次の代をつぐ若い人たちに、前代からうけつがれ、みずから得られた知識を伝えておかなければならないという強い責任感を持っておられました。そして好んで青少年を相手に語られ、その疑問に答えようとされました。この本を著わされたのは、そういう若い人への関心が特に強まってこられたころのことでありました。そのような意図のもとに、誰にでも読みやすくわかってもらえるようにと、つとめてやさしい言葉を使ってこの文章を書くことに苦心をされたのでした。

この本のできた時期についてもう一つ大事なことは、これがあの激しい戦争のさ中に書かれたことであります。昭和十八年といえば東京では敵機の来襲に備えて燈火管制がしだいにきびしくなり、はなやかな町の灯は消え失せて、人々は月の光や星のきらめきをたよりに夜道を歩かねばならなかったころでした。また、燃料はしだいに乏しくなり、一かけの炭や小枝もたいせつにしてわずかの火で煮たきをし、寒さをしのぐ工夫をしていた時でした。暗い世相の中で誰もが火の光の明るさと暖かさに飢えていた時期に、こういう時こそ火の問題について考えるのに絶好のおりであると先生は感じられたに違いありません。その当時から二十年を経て、あのような不自由さは夢のように忘れ去られる幸《しあわ》せな世の中となりましたが、今でも僻地《へきち》といわれる村には電気の通じていない所もあり、この現代の幸福をともにわかち合うことのできない人々が日本の国内にもまだいるのです。そういう人たちはどういうあかりで夜をすごしているのでしょうか。

「火の昔」という題のもとに柳田先生は、電気、ガスをまったく知らなかった私どもの祖先の人々が、どんな火を、どういうふうに使って暮らしてきたか、その移り変わりのありさまを細かく、目に見えるようにあざやかに書き示されました。最初の章から「屋外の燈火」という章までは、昔の燈火について、その種類と使い方の変遷を述べておられます。次の「火の番と火事」から「いおうつけ木と火吹竹」までの数章は、火の管理と発火法について、「民の煙」から「燃料の将来」までは、燃料としての火の使い方、作法などの変化についてしるされています。ここに記述されている火についての習俗や言葉使いの一つ一つの例は、著者ご自身の綿密な観察によるもの、各地から聞き集めた民俗学的資料によるもの、および本や記録の中から拾われたものであります。これらの実例によって日本人の火を中心とした生活の歴史がたどられています。これらのいろいろの風習について実際に経験のある人々が、まだたくさんおられることと思いますが、それらのことをほとんど知らずに育った私どもでもこの本によって祖父母たちの、または遠く辺鄙《へんぴ》な所に住む村人たちの暮らしぶりを目の前に思い浮かべることができます。

「松燈蓋」という章に述べられているように、世の中の移り変わり、人々の生活の変遷は時代時代で区切って一様に改まっていくというよりは、いつのまにかすこしずつ変わっていくことが多いのであって、一つ時代の中にも、古いものと新しいものとが場所や機会を違えて同時に存在しているものなのであります。文化の中心から離れた村には、都会ではとっくに忘れられた風習が見られ、または年中行事とか祭りとかのおりには古くからの行事がくり返して行なわれているのがその例です。こういう古い習慣の現在に残っているいろいろな実例を集め、比べてみて、今までの人々の暮らし方、考え方の移り変わりを知るてだてとしようとするのが民俗学なのです。ことに日本の国では、この大戦前までは一方には西洋の先進国と同じ水準に達するほどの文化を持ち、一方には非常に素朴な、または古いままのしきたりを残し、その二つの極端の間には、いくつもの段階がみられる状態が続いていました。また、北から南へ延びた地理的条件や、複雑な気候風土の中で日本の習俗はさらにいろいろに分化しました。しかもこの複雑な状態にもかかわらず、その中には一つの統一性がみられるのです。こういう事情こそこの国に民俗学が盛んになるべきゆえんであると柳田先生は考えられたのでした。事実民俗学の研究によって、今までの記録に残っていない民衆の生活の歴史については明らかになったことが少なくないのであります。こうして私どもの親や祖先の人たちの歩んできた道をより深く知ることは、私どもに自信を与え、現在の物ごとについてより正しい判断力を持たせ、将来の計画を立てる上のよりどころとなることを先生は説かれました。あかりとたきものについて細かい注意をはらい、つぎつぎにいろいろの考案をして、便利に経済的にと工夫してきた祖先の人々をもつ私どもは、さらに新しい光と熱の資源や装置に対しても賢くなるべきであることを暗示されております。何不自由なく電気やガスを供給されて使っている私どもは、みずから火を作り管理していた昔の人たちの注意深さや賢さを忘れてはならないことをこの本によって誰しも心づくでありましょう。

火の問題は地球上の生物の中で人間だけに与えられた課題であり、人間であれば誰でもが考えざるをえないことであります。日常の生活にそれほど火の必要性を感じない熱帯地方の原住民でもそれぞれ火をもっています。その原始的な素朴な方法はやはり私どもの祖先の経てきた道でもあることを思い、彼らのために正しい方向を示してみせることがすこしでも先に進んだ文明人といわれる国民のつとめであるということが、最後の「火の文化」という章に説かれております。

昭和三十八年二月十五日

石原綏代

新版解説

闇をひらく

池内　紀

柳田国男の著作のなかで『火の昔』はあまり知られていない。いや、ほとんど知られていないといっていいだろう。柳田国男論は無数にあるが、『火の昔』がとりあげられたケースを私は知らない。文庫版としても、ほかにはないのではなかろうか。

執筆は太平洋戦争さなかの昭和十八年（一九四三）。翌十九年八月、実業之日本社から刊行された。表紙には油徳利を下げた女の子の絵がついていた。その後、「少年少女のための文化の話」といった添え書きつきで版を改めた。一般向きには昭和三十七年（一九六二）の柳田国男の死の翌年、角川文庫として公刊。執筆の二十年後にひろく世に出て、さらにその五十年後に装いあらたに現れたことになる。

子供向けのシリーズに入れられたとおり、「若い人たち」に向けて書いたと、はしがきに断ってあって、いかにもそのような語り口になっている。

世の中が進んだということ、今が昔とくらべてどのくらいよくなっているかということを、考えてみるのには、火の問題がいちばんわかりやすいと思います。

おだやかな、諄々と説いていくその話し方、書き方である。以下、「やみと月夜」、「ちょうちんの形」、「ろうそくの変遷」、「たいまつの起こり」。柳田国男におなじみだが、水面に落ちた水滴が、みるまに波紋をひろげていくようにして話題がひろがっていく。「盆の火」、「燈籠とろうそく」、「家の燈火」、「油とあんどん」、「燈心と燈明皿」、「油屋の発生」……。計三十九の小見出しが、かつての日本人の明かりの歴史をめぐっていく。若い人向けに書いたものだが、「年をとった者」にはわかりきったことにかぎらず、「あぶなく忘れようとしていた」ことが少なくないのではないか。

若い読者がもし声をあげてこの本を読むならば、そばで聞いていて、にこにことしだす人がきっと多いであろう。

さりげなく読み方にまで希望を述べた。大切なテーマをとりあげており、ぜひとも読んでほしかったからである。

執筆の年の昭和十八年は、大日本帝国がアメリカを中心とする連合軍との無謀な戦争を始めて三年目にあたる。緒戦こそ奇襲作戦が成功して優勢だったが、じりじりと劣勢に転じ、この年にはガダルカナル撤退、山本五十六長官、戦死、アッツ島玉砕、キスカ島撤退、ラバウル孤立……。戦線は急速に縮小して敗戦へと向かっていた。

「大日本言論報国会」ができたのは、その前年のこと。言論、文章にたずさわる者が一致して「報国会」を組織し、「ペンを銃剣」にして国に奉仕する。京都学派のグループがにぎにぎしく「大東亜戦争の哲学」を唱えだした。斎藤茂吉や高村光太郎らの愛国歌、愛国詩、宮本三郎、藤田嗣治らの戦争絵画。国家統制のもと、国中がこれ見よがしな愛国主義に染まっていく。

柳田国男には以前から、明かりのことをきちんと整理しておきたい気持があった。それは家の暗さとかかわっている。日本人の暮らしのなかに、いつ、どのようにして明るさが入ってきたか。「明治大正史　世相篇」（『柳田国男全集26』ちくま文庫）の「障子紙から板硝子」の章に、板戸が障子になり、いかに「重大なる変動」をもたらしたかが語ってある。そこに板硝子が加わり、「忽然として個々の具体的なる物象」が目に見えるまでになった。それと対応させるようにして、夜の明かりに触れている。

夜は行燈《あんどん》というものができて、随意にどこへでも運ばれるようになったのが、実は決して古いことではなかった。それが洋燈《ランプ》となってまた大いに明るくなり、次いで電気燈の室《へや》ごとに消したり点《とも》したりし得るものになって、いよいよ家というものにはわれと進んで慕い寄る者の他は、どんな大きな家でも相住みはできぬようになってしまった。自分は以前の著書において、これを火の分裂と名づけようとしていたのである。

『明治大正史　世相篇』は昭和五年（一九三〇）の刊行である。十三年して「火の分裂」が「火の昔」の姿を通してくわしく語られた。あらためてテーマをとりあげる直接のきっかがあったからである。つまり、闇がもどってきた。家が暗さにつつまれる。歴史年表の一つが昭和十八年（一九四三）の項目をあげている。

二月三日　東京の劇場・映画館、交代制で月二回の節電休館を開始。
五月一日　木炭のほか薪・タキギも配給制に。
十月一日　電力消費規制実施。

（『一億人の昭和史15』毎日新聞社）

高らかに「聖戦」がいわれるなかで、暮らしから明かりが消えていく。おりにつけ停電がみまって、ろうそくやあんどんが持ち出されてくる。「東洋の盟主」をもって任じ、誇らかに大東亜共栄圏をうたう国のお膝元が、皮肉にも原始の闇につつまれてきた。

柳田国男はじっと見ていたのだろう。知識人、文学者、思想家として知られた人たちが、いそいそと国家の宣伝役に早変わりする。神がかり的な「神国ニッポン」と、その伝統文化を、これ見よがしにたたえはじめた。『火の昔』に添えられたはしがきを読み返すと、微妙な言い方が目にとまらないか。

文化という言葉は、このごろよく耳にするけれども、それはどういうものかを、説明できる人は存外に少ない。私はそんな言葉をなるたけ使わずに、これが文化だなと思ってもさしつかえのないものを、一つずつあげてみようとしている。そういう中でも、火は最もはっきりとしている。

永井荷風は昭和十八年の日記に書いている。

歴史ありて以来時として種々野蛮なる国家の存在せしことありしかど、現代日本の如き低劣滑稽なる政治の行はれしことはいまだかつて一たびもその例なかりしなり。かくの如き国家と政府の行末はいかになるべきや。(『断腸亭日乗』六月二十五日　岩波書店)

かつてジュネーブで暮らしたことのある国際人柳田国男には、大まじめで英語を敵性語として禁じる国の「行末」が、いち早く見えていたのではなかろうか。

今のままでは、長くはいられないと思うことが、これからの計画を確実にするであろう。少なくとも私だけは、そういうつもりでこの話をしている。

柳田国男にとって、明かりは照明具にかぎらなかった。蒙《もう》をひらく、精神の闇をひらく光でもあった。硬直した知性に明かりを入れる。照明と知的啓蒙のあいだに強い関連を見ていた。だからこそ敗戦とともに軍国主義の闇が消え失せたあと、『火の昔』は用ずみとして忘却に沈めたのではなかろうか。

柳田国男の生まれた兵庫県辻川（現・福崎町）は姫路市のすぐ北。瀬戸内寄りの中央部にある。十歳のとき生家が売り払われ、一家は東隣りの北条《ほうじょう》（現・加西市）に移った。高等小学校を終えたのち、明治二十年（一八八七）八月、大学生の兄につれられ、人力車で北条を発って明石《あかし》を経由して神戸へ出た。まだ東海道線が開通していなくて、神戸から汽船に乗って横浜に入港、汽車で東京着。兄は湯島・順天堂の地つづきに下宿していた。翌朝早く起きると、兄が眠っている間に本郷の通りに出た。

いまもその七十年前の本郷の朝の景色が記憶に残っているが、まだその当時は電灯がなく、ガス灯の時代で、脚立《きゃたつ》をもった人夫が点灯して回る時代であった。いまとはまるで違ったガス灯が夜明けのひっそりした街に点《とも》っている当時の光景が、私の東京風景の第一印象であった。

（柳田国男『故郷七十年』朝日新聞社）

息を呑むようにして見つめていた十二歳の少年には、白く眩しいガス灯が文明の象徴のように思えたにちがいない。

生年が明治八年（一八七五）、没年が昭和三十七年（一九六二）であって、その生涯はそっくり『火の昔』の小見出しとかさなってくる。やみ、月夜、ちょうちん、ろうそく、たいまつ、あんどん。ランプ、炉、おかま、こんろ、木炭。「火の分裂」と名づけたのは、それぞれの明かり、また火には特有の生活があり、新しい交代とともに暮らしが大きく変化したからである。

辻川の少年時代に体験した狐狩りという子供の行事のことが、『孤猿随筆』にとりあげてある。もとは狐狩りを「オロロ」と呼んでいて、夜ふけに子供たちが「オロロやオロロ」と唱えながら村の道を押しあるいた。そんなとき子供たちの手にはきっと、まん丸いちょうちんが握られていただろう。

日本のちょうちんのこしらえ方は、竹を細く割って削《けず》って、それを輪にしたものをいくつも重ね並べて、その上へ紙をはるのです。その輪にする竹の細い棒をひごといいますが、その長さを違えて、輪の大きさをいろいろに変えていくことによって、あのまん丸いちょうちんの形ができるのであります。

中国のちょうちんは、たためるまでは同じだが、丸くはできていない。まん中の輪を大きくして、まん丸くすると、見た目におもしろいだけでなく、火のあるところが紙から遠ざかって、焼ける危険が少ないのだ。丸いちょうちんにいたるまでに、どれほどの苦心と知恵がはたらいたものか。

村の仲間たちといっしょに「オロロやオロロ」と叫んでいたとき、さぞかし国男少年はおりおり、手の丸いちょうちんを不思議の目でながめていただろう。

火は煮炊きと暖房と照明の役目をはたすとすると、煮炊きと暖房が前近代のまま久しく変わらなかったなかで、照明は近代の到来とともに目まぐるしく変化した。「やみと月夜」にはじまる明かりの歴史が、前近代の暗闇をあぶり出す機能をおび、どのケースにも注意深くながめていた少年の目がひそんでいる。それは「聖戦」のバスに乗り遅れまいと右往左往している同時代人への柳田国男その人の眼差しでもあった。

著者には多少とも冷たくされた著書であるが、私には人一倍の愛着がある。生まれたのが辻川の隣り町、姫路市で、わが家は家号を「油屋」といった。曾祖父が油を商って財をなしたせいらしい。そのため「油屋の発生」に語られている油徳利が何本も蔵にあって、図にあるとおりのボッテリした胴に、「家宝」と焼きつけてあった。

油屋の伜は旧家をもちきれず。母屋と蔵を取り壊しにしたが、そのとき、油徳利は蔵のあった地面に埋めてもらった。いまでは空地に草が繁って、どこに「油テンコ」がひそんでいるのやら、かいもくわからない。

（ドイツ文学者・エッセイスト）

や 行

ら 行

わ 行

ま 行

は 行

な 行

た行

さ 行

か 行

索 引

あ 行

編集付記

・新版にあたり、新たに注釈を付した。また本文の文字表記については、次のように方針を定めた。

一、漢字表記のうち、代名詞、副詞、接続詞、助詞、助動詞などの多くは、読みやすさを考慮し平仮名に改めた（例／而も→しかも、其の→その）。

二、難読と思われる語には、引用文も含め、改めて現代仮名遣いによる振り仮名を付した。また、送り仮名が過不足の字句については適宜正した。

三、書名、雑誌名等には、すべて『　』を付した。

・本文中には、今日の人権擁護の見地に照らして、不適切と思われる語句や表現があるが、作品発表当時の社会的背景を鑑み、底本のままとした。

火《ひ》の昔《むかし》

柳《やなぎ》田《た》国《くに》男《お》

昭和38年 8月30日　改版初版発行
平成25年 7月25日　新版初版発行
令和7年 10月30日　新版9版発行

発行者●山下直久

発行●株式会社KADOKAWA
〒102-8177　東京都千代田区富士見2-13-3
電話　0570-002-301（ナビダイヤル）

角川文庫 18074

印刷所●株式会社KADOKAWA
製本所●株式会社KADOKAWA

表紙画●和田三造

Printed in Japan
ISBN978-4-04-408317-5　C0139

◆◆◇

角川文庫発刊に際して

角川源義

第二次世界大戦の敗北は、軍事力の敗北であった以上に、私たちの若い文化力の敗退であった。私たちの文化が戦争に対して如何に無力であり、単なるあだ花に過ぎなかったかを、私たちは身を以て体験し痛感した。西洋近代文化の摂取にとって、明治以後八十年の歳月は決して短かすぎたとは言えない。にもかかわらず、近代文化の伝統を確立し、自由な批判と柔軟な良識に富む文化層として自らを形成することに私たちは失敗して来た。そしてこれは、各層への文化の普及滲透を任務とする出版人の責任でもあった。

一九四五年以来、私たちは再び振出しに戻り、第一歩から踏み出すことを余儀なくされた。これは大きな不幸ではあるが、反面、これまでの混沌・未熟・歪曲の中にあった我が国の文化に秩序と確たる基礎を齎らすためには絶好の機会でもある。角川書店は、このような祖国の文化的危機にあたり、微力をも顧みず再建の礎石たるべき抱負と決意とをもって出発したが、ここに創立以来の念願を果すべく角川文庫を発刊する。これまで刊行されたあらゆる全集叢書文庫類の長所と短所とを検討し、古今東西の不朽の典籍を、良心的編集のもとに、廉価に、そして書架にふさわしい美本として、多くのひとびとに提供しようとする。しかし私たちは徒らに百科全書的な知識のジレッタントを作ることを目的とせず、あくまで祖国の文化に秩序と再建への道を示し、この文庫を角川書店の栄ある事業として、今後永久に継続発展せしめ、学芸と教養との殿堂として大成せんことを期したい。多くの読書子の愛情ある忠言と支持とによって、この希望と抱負とを完遂せしめられんことを願う。

一九四九年五月三日

角川ソフィア文庫ベストセラー

新版 遠野物語 付・遠野物語拾遺
柳田国男

雪女や河童の話、正月行事や狼たちの生態――。遠野郷(岩手県)には、怪異や伝説、古くからの習俗が、なぜかたくさん眠っていた。日本の原風景を描く日本民俗学の金字塔。年譜・索引・地図付き。

雪国の春 柳田国男が歩いた東北
柳田国男

名作『遠野物語』を刊行した一〇年後、柳田は二ヶ月をかけて東北を訪ね歩いた。その旅行記「豆手帖から」をはじめ、「雪国の春」「東北文学の研究」など、日本民俗学の視点から東北を深く考察した文化論。

新訂 妖怪談義
柳田国男
校注/小松和彦

柳田国男が、日本の各地を渡り歩き見聞した怪異伝承を集め、編纂した妖怪入門書。現代の妖怪研究の第一人者が最新の研究成果を活かし、引用文の原典に当たり、詳細な注と解説を入れた決定版。

一目小僧その他
柳田国男

日本全国に広く伝承されている「一目小僧」「橋姫」「物言う魚」「ダイダラ坊」などの伝説を蒐集・整理し、丹念に分析。それぞれの由来と歴史、人々の信仰を辿り、日本人の精神構造を読み解く論考集。

山の人生
柳田国男

山で暮らす人々に起こった悲劇や不条理、山の神の嫁入りや神隠しなどの怪奇談、「天狗」や「山男」にまつわる人々の宗教生活などを、実地をもって精細に例証し、透徹した視点で綴る柳田民俗学の代表作。

角川ソフィア文庫ベストセラー

海上の道　柳田国男

日本民族の祖先たちは、どのような経路を辿ってこの列島に移り住んだのか。表題作のほか、海や琉球にまつわる論考8篇を収載。大胆ともいえる仮説を展開する、柳田国男最晩年の名著。

日本の昔話　柳田国男

「藁しび長者」「狐の恩返し」など日本各地に伝わる昔話106篇を美しい日本語で綴った名著。「むかしむかしあるところに――」からはじまる誰もが聞きなれた昔話の世界に日本人の心の原風景が見えてくる。

日本の伝説　柳田国男

伝説はどのようにして日本に芽生え、育ってきたのか。「咳のおば様」「片目の魚」「山の背くらべ」「伝説と児童」ほか、柳田の貴重な伝説研究の成果をまとめた入門書。名著『日本の昔話』の姉妹編。

日本の祭　柳田国男

古来伝承されてきた神事である祭りの歴史を「祭から祭礼へ」「物忌みと精進」「参詣と参拝」等に分類し解説。近代日本が置き去りにしてきた日本の伝統的な信仰生活を、民俗学の立場から次代を担う若者に説く。

毎日の言葉　柳田国男

普段遣いの言葉の成り立ちや変遷を、豊富な知識と多くの方言を引き合いに出しながら語る。なんにでも「お」を付けたり、二言目にはスミマセンという風潮などへの考察は今でも興味深く役立つ。

角川ソフィア文庫ベストセラー

小さき者の声
柳田国男傑作選

柳田国男

表題作のほか「こども風土記」「母の手毬歌」「野草雑記」「野鳥雑記」「木綿以前の事」の全6作品を一冊に収録！　柳田が終生持ち続けた幼少期の直感やみずみずしい感性、対象への鋭敏な観察眼が伝わる傑作選。

柳田国男　山人論集成

柳田国男
編／大塚英志

独自の習俗や信仰を持っていた「山人」。柳田は彼らに強い関心を持ち、膨大な数の論考を記した。その著作や論文を再構成し、時とともに変容していった柳田の山人論の生成・展開・消滅を大塚英志が探る。

無心ということ

鈴木大拙

無心こそ東洋精神文化の軸と捉える鈴木大拙が、仏教生活の体験を通して禅・浄土教・日本や中国の思想へと考察の輪を広げる。禅浄一致の思想を巧みに展開、宗教的考えの本質をあざやかに解き明かしていく。

新版　禅とは何か

鈴木大拙

宗教とは何か。仏教とは何か。そして禅とは何か。自身の経験を通して読者を禅に向き合わせながら、この究極の問いを解きほぐす名著。初心者、修行者を問わず、人々を本格的な禅の世界へと誘う最良の入門書。

日本的霊性　完全版

鈴木大拙

精神の根底には霊性（宗教意識）がある――。念仏や禅の本質を生活と結びつけ、法然、親鸞、そして鎌倉時代の禅宗に、真に日本人らしい宗教的な本質を見出す。日本人がもつべき心の支柱を熱く記した代表作。

角川ソフィア文庫ベストセラー

新編 日本の面影
ラフカディオ・ハーン
訳／池田雅之

日本の人びとと風物を印象的に描いたハーンの代表作『知られぬ日本の面影』を新編集。「神々の国の首都」「日本人の微笑」ほか、アニミスティックな文学世界や世界観、日本への想いを伝える一一編を新訳収録。

山岡鉄舟の武士道
山岡鉄舟
編／勝部真長

禅によって剣の道を極め、剣によって禅を深める――。鉄舟が求めた剣禅一致の境地とは何か。彼が晩年述べた独特の武士道論に、盟友勝海舟が軽妙洒脱な評論を加えた、日本人の生き方の原点を示す歴史的名著。

改訂新版 共同幻想論
吉本隆明

国家とは何か？ 国家と自分とはどう関わっているか？ 風俗・宗教・法、そして我々の「慣性の精神」――。生活空間と遠く隔たる異空間を包含するこの厄介な代物に論理的照射を当て、裸の国家像を露呈させる。

定本 言語にとって美とはなにか（Ⅰ、Ⅱ）
吉本隆明

記紀・万葉集をはじめ、鷗外・漱石・折口信夫・サルトルなどの小説作品、詩歌、戯曲、俗謡など膨大な作品を引用して詳細に解説。表現された言語を「指示表出」と「自己表出」の関連でとらえる独創的な言語論。

改訂新版 心的現象論序説
吉本隆明

心がひきおこすさまざまな現象に、適切な理解線をみつけだし、なんとかして統一的に、心の動きをつかまえたい――。言語から共同幻想、そして心的世界へ。著者の根本的思想性と力量とを具体的に示す代表作。

角川ソフィア文庫ベストセラー

法然　十五歳の闇（上、下）　梅原　猛

日本宗教の常識を覆した浄土宗開祖・法然とは何者なのか。父の殺害事件、亡き母への思慕、比叡山後の足跡――。ゆかりの地をめぐる綿密なフィールドワークで、隠された真実と浄土思想の真意を導き出す！

真釈　般若心経　宮坂宥洪

『般若心経』とは、心の内面の問題を解いたものではなく、具体的な修行方法が説かれたものだった！　経典成立当時の古代インドの言語、サンスクリット語研究が導き出した新解釈で、経典の真実を明らかにする。

論語と算盤　渋沢栄一

孔子の教えに従って、道徳に基づく商売をする――。日本実業界の父・渋沢栄一が、後進の企業家を育成するために経営哲学を語った談話集。金儲けと社会貢献の均衡を図る、品格ある経営人のためのバイブル。

渋沢百訓　論語・人生・経営　渋沢栄一

日本実業界の父が、論語の精神に基づくビジネスマンの処し方をまとめた談話集『青淵百話』から五七話を精選。『論語と算盤』よりわかりやすく、渋沢の才気と後進育成への熱意にあふれた、現代人必読の書。

日本人はなにを食べてきたか　原田信男

縄文・弥生時代から現代まで、日本人はどんな食物を選び、社会システムに組み込み、料理や食の文化をかたちづくってきたのか。聖なるコメと忌避された肉など、制度や祭祀にかかわった食生活の歴史に迫る。

角川ソフィア文庫ベストセラー

神隠しと日本人
小松和彦

「神隠し」とは人を隠し、神を現し、人間世界の現実を隠し、異界を顕すヴェールである。異界研究の第一人者が「神隠し」をめぐる民話や伝承を探訪。迷信でも事実でもない、日本特有の死の文化を解き明かす。

伊勢神宮の衣食住
矢野憲一

伊勢神宮では一三〇〇年の長きにわたり、一日も欠かさず天照大神への奉斎が行われてきた。営々と伝えられる神事・祭儀のすべてを体験したもと神官禰宜の著者が、神宮の知られざる営みと信仰を紹介する。

山の宗教
修験道案内
五来重

世界遺産に登録された熊野や日光をはじめ、古来崇められてきた全国九箇所の代表的な霊地を案内。日本の歴史や文化に大きな影響を及ぼした修験道の本質に迫り、日本人の宗教の原点を読み解く！

仏教と民俗
仏教民俗学入門
五来重

祖霊たちに扮して踊る盆踊り、馬への信仰が生んだ馬頭観音、養蚕を守るオシラさま――。庶民に信仰され変容してきた仏教の姿を追求し、独自の視点で日本人の原型を見出す。仏教民俗学の魅力を伝える入門書。

天災と日本人
寺田寅彦随筆選
寺田寅彦
編／山折哲雄

地震列島日本に暮らす我々は、どのように自然と向き合うべきか――。災害に対する備えの大切さ、科学と政治の役割、日本人の自然観など、今なお多くの示唆を与える、寺田寅彦の名随筆を編んだ傑作選。

角川ソフィア文庫ベストセラー

新版　竹取物語
現代語訳付き
訳注／室伏信助

竹の中から生まれて翁に育てられた少女が、五人の求婚者を退けて月の世界へ帰っていく伝奇小説。かぐや姫のお話として親しまれる日本最古の物語。第一人者による最新の研究の成果。豊富な資料・索引付き。

新版　古今和歌集
現代語訳付き
訳注／高田祐彦

日本人の美意識を決定づけ、『源氏物語』などの文学や美術工芸ほか、日本文化全体に大きな影響を与えた最初の勅撰集。四季の歌、恋の歌を中心に一一〇〇首を整然と配列した構成は、後の世の規範となっている。

新版　伊勢物語
現代語訳付き
訳注／石田穣二

在原業平がモデルとされる男の一代記を、歌を挟みながら一二五段に記した短編風連作。『源氏物語』にもその名が見え、能や浄瑠璃など後世にも影響を与えた。詳細な語注・補注と読みやすい現代語訳の決定版。

土佐日記
現代語訳付き
紀　貫之
訳注／三谷榮一

紀貫之が承平四年一二月に任国土佐を出港し、翌年二月京に戻るまでの旅日記。女性の筆に擬した仮名文学の先駆作品であり、当時の交通や民間信仰の資料としても貴重。底本は自筆本を最もよく伝える青谿書屋本。

新版　蜻蛉日記（Ⅰ、Ⅱ）
現代語訳付き
右大将道綱母
訳注／川村裕子

美貌と歌才に恵まれ権門の夫をもちながら、自らを蜻蛉のように儚いと嘆く作者二一年間の日記。母の死、鳴滝籠り、夫との実質的離婚——。平易な注釈と現代語訳の決定版。Ⅰ（上・中巻）、Ⅱ（下巻）収載。